Onde foi que eu errei?

CIP-BRASIL. CATALOGAÇÃO NA FONTE
SINDICATO NACIONAL DOS EDITORES DE LIVROS, RJ

B722c

Borba, Michele
    Onde foi que eu errei? : como acabar com o mau comportamento de seus filhos / Michele Borba ; tradução Carolina Caires Coelho. - Campinas, SP : Verus, 2010.

    Tradução de: No More Misbehavin' : 38 Difficult Behaviors and How to Stop Them
    Inclui bibliografia
    ISBN 978-85-7686-084-6

    1. Disciplina da criança. 2. Educação de crianças. 3. Crianças - Formação. 4. Responsabilidade dos pais. I. Título.

10-3252   CDD: 649.64
                                      CDU: 649.1

MICHELE BORBA

Onde foi que eu errei?

Como acabar com o mau comportamento de seus filhos

Tradução
Carolina Caires Coelho

Título original
No More Misbehavin'
38 Difficult Behaviors and How to Stop Them

Editora
Raïssa Castro

Coordenadora Editorial
Ana Paula Gomes

Copidesque
Renata Coppola Fichtler

Revisão
Anna Carolina G. de Souza
Maria Lúcia A. Mayer

Capa
André S. Tavares da Silva

Diagramação
Daiane Avelino

Imagem da capa
© Imgorthand (Vetta stock photo)

Copyright © Michele Borba, 2003
Todos os direitos reservados.

Tradução © Verus Editora, 2010
Sob licença de John Wiley & Sons, Inc.

Todas as cartas presentes neste livro foram fornecidas por pais ao longo dos últimos anos. Os nomes dos pais e das crianças, bem como seu local de residência, foram alterados como forma de proteger sua privacidade.

Direitos mundiais reservados, em língua portuguesa, por Verus Editora. Nenhuma parte desta obra pode ser reproduzida ou transmitida por qualquer forma e/ou quaisquer meios (eletrônico ou mecânico, incluindo fotocópia e gravação) ou arquivada em qualquer sistema ou banco de dados sem permissão escrita da editora.

Verus Editora
Rua Benedicto Aristides Ribeiro, 55
Jd. Santa Genebra II - 13084-753
Campinas/SP - Brasil
Fone/Fax: (19) 3249-0001
verus@veruseditora.com.br
www.veruseditora.com.br

Com amor aos meus pais, Dan e Treva Ungaro.
Se todo filho tivesse a sorte que tive,
o mundo seria muito diferente!

Agradecimentos

Existe um provérbio maravilhoso que afirma que "Um livro é como um jardim que levamos no bolso". Sei que muitas pessoas me ajudaram a tornar este livro realidade. Todas elas me ajudaram a compartilhar minhas ideias e a espalhar meu trabalho. A todas elas, expresso meus agradecimentos mais sinceros.

Às centenas de pais que participaram de minhas palestras ao longo dos anos: muito obrigada a vocês por terem compartilhado suas preocupações, histórias, sugestões e sucessos de modo tão honesto.

Às pessoas da Oxygen Media, principalmente Anne Patrick e Donna Sher, pelo apoio e pela oportunidade de trabalhar com suas mães. Todas as cartas deste livro são de pais que escreveram para meu *site*, levantando questões que me ajudaram a entender quais são os comportamentos que mais preocupam os pais. Suas respostas honestas me ajudaram a criar estratégias de disciplina que põem fim ao comportamento ruim. (Tomei a liberdade de encurtar as cartas e mudar nomes para proteger a privacidade de todos.)

Aos editores da *Parents*, principalmente Diane Debrovner, pela honra de participar de seu conselho e pelo privilégio de conversar com vários escritores excelentes sobre esse assunto, principalmente Vicky Mlyniec e Deb Waldman. Agradeço especialmente a Leslie Lambert, cuja entrevista concedida a mim para sua matéria na *Parents*, "From Caos to Cooperation: a 21 Day Discipline Makeover", resultou em uma maravilhosa amizade e plantou as sementes para este livro.

Ao meu grupo de apoio pessoal, que sempre esteve ao meu lado: obrigada por sua lealdade e ajuda. Serei eternamente grata a Annie Leedom, presidente da <netcinnectpublicity.com>, por suas maravilhosas habilidades de publicidade na Internet, seu imbatível otimismo e sua amizade fiel; Adrienne Biggs, da Biggs Publicity, pelo grande apoio e pelas boas sacadas para criar *slogans* publicitários que sempre se transformam em ouro; Steve Leedom, da <nowimagine.net>, por criar meu lindo *site*, <www.moralintelligence.com>, e por ter muita paciência para me ajudar em minhas dúvidas de informática; Dottie DeHart, da Rocks-DeHart Public Relations, pelas ótimas campanhas publicitárias e pelo incentivo infindável; Hanoch McCarty, por seu humor incrível e sua lista constante de "melhores" títulos de livros; Francesca Donlan, jornalista da Gannett, pela amizade e por escrever matérias tão maravilhosas; Naomi Drew, colega, escritora e comadre, por me ouvir e me apoiar; Jack Canfield, por estar sempre à disposição, por *e-mail*, para oferecer conselhos perfeitos e para me ajudar a lembrar de *rir*; e Barbara Keane, Judy Baggott e Patty Service, minhas amigas verdadeiras e leais, por sempre fazerem com que o ato de escrever ficasse mais fácil, apenas sendo tão divertidas e estando sempre tão perto.

Aos funcionários da Jossey-Bass – principalmente Jesica Church, Beverly Miller, Erin Jow, Jennifer Wenzel, Lasell Whipple, Seth Schwartz e Amy Scott. Ter a sorte de escrever três livros com esse grupo dedicado tem sido um grande privilégio. A Alan Rinzler, editor extraordinário e real incentivador deste livro, agradeço por muitas coisas: por ter tido a ideia inicial, pela habilidade em mostrar onde era preciso mudar e em oferecer sugestões perfeitas e por seu apoio em todos os momentos. Todo autor deveria ter a sorte de ter um editor assim.

E, por fim, à minha família, aqueles que fizeram a diferença em minha vida e incentivaram meu crescimento: meu marido e melhor amigo, Craig, pelo apoio infinito, paciência e amor em todas as fases da minha vida; meus pais, Dan e Treva Ungaro, por representarem o maravilhoso conceito do amor incondicional; minha sogra, Lorayne Borba, por seu apoio e otimismo constantes; e às grandes alegrias de minha vida: meus filhos Jason, Adam e Zach, pelo amor e diversão constantes que me dão. E por todas as vezes em que me perguntaram: "Você ainda não terminou?" Vejam, terminei!

Sumário

Prefácio 13

1 Preparando-se para as mudanças 17

2 Conceitos básicos da mudança de comportamento .. 27

3 Trinta e oito mudanças de comportamento 41
    Raiva 43
    Ansiedade 52
    Mordidas 59
    Controle 67
    Vítima de *bullying* 75
    Autor de *bullying* 85
    Recusa a ajudar nas tarefas domésticas 95
    Cinismo 104
    Desacato 111
    Falta de atenção ao que dizem 119
    Brigas 125
    Facilidade em desistir 133
    Agressão 139
    Brigas na hora de fazer a lição de casa 147

Vício em recompensas ... 154
Impulsividade ... 161
Intolerância ... 169
Falta de amigos ... 177
Mentir e enganar ... 185
Atitude materialista ... 193
Crueldade ... 200
Influência negativa dos amigos ... 209
Perfeccionismo exagerado ... 216
Falta de espírito esportivo ... 223
Comentários maldosos ... 231
Falta de educação ... 238
Egoísmo ... 245
Baixa capacidade de concentração ... 252
Timidez ... 260
Brigas de irmãos ... 266
Furto ... 273
Palavrões ... 282
Respostas mal-educadas ... 290
Dedurar ... 297
Vítima de provocações ... 304
Acessos de raiva ... 311
Choramingar ... 320
Gritos ... 329

4 Como aplicar as consequências ... 337

5 Não se esqueça de dizer a seus filhos que você os ama! ... 347

Bibliografia ... 365

Prefácio

A disciplina é um dos assuntos mais discutidos quando se trata da criação dos filhos. A palavra por si só é capaz de trazer lembranças ruins. Choro. Gritos. Berros. Agressão. Estresse. Dores de cabeças terríveis. Para outras pessoas, significa castigo cruel e incomum, criação totalmente ruim ou algo usado apenas por mães e pais sádicos e agressivos.

Sejamos francos: a disciplina ficou com má fama. Até mesmo os chamados especialistas em comportamento infantil divergem a respeito da melhor maneira de acabar com o comportamento ruim e possuem abordagens claramente diferentes: tempo para "pensar", consequências lógicas, privação de privilégios, punições físicas, sermões e castigos. É de surpreender o fato de os pais estarem tão perplexos? Algumas pessoas acham que é mais fácil lidar com o comportamento irritante dos filhos; não vale a pena passar por outra briga ou estragar mais uma noite. Outras pessoas temem que a disciplina prejudique permanentemente a relação que elas têm com seus filhos. E cada vez mais os pais acham que é melhor entregar a responsabilidade a um terceiro. Eles já estão exaustos ou irritados demais, para que aumentar o estresse?

Mas, por mais que não gostemos da ideia, como pais temos que aprender a disciplinar. Afinal, é nosso dever criar filhos que tenham boas atitudes, e é nossa obrigação intervir para que eles ajam corretamente. Sem dúvida não é divertido conviver com filhos que resmungam, mordem, agridem, brigam, atacam, xingam, mentem, roubam ou que agem de modo impulsivo ou maldoso. Não é divertido para nós, para a família e para os amigos, nem para a escola ou a comunidade, e, com certeza, também não o é para nossos filhos.

A pergunta não é se devemos discipliná-los, mas como fazê-lo de modo que o mau comportamento se transforme em bom. Estou falando de uma mudança permanente de comportamento, ou seja, livrar-se dos atos ruins de uma vez por todas, para não ter mais de lidar com eles. Esse é um conceito muito importante na criação dos filhos. E é disso que trata este livro. É uma nova e única abordagem que mudará a maneira como você cria seu filho e o modo como o disciplina.

Este será o único livro sobre disciplina de que você vai precisar para criar bons filhos. Tenho certeza disso. Por quê? Porque conheço Michele Borba e o trabalho que ela realiza. Ela tem mais experiência que muitos outros especialistas em relações pais e filhos. Ela não teoriza, não especula e não faz diversas generalizações vagas. Em vez disso, arregaça as mangas e nos conta exatamente o que fazer, momento a momento, passo a passo, para criar uma mudança permanente no comportamento das crianças. Seu programa de mudanças, com suas ótimas atividades, é tão criativo e, geralmente, tão divertido, que a disciplina se torna praticamente um processo indolor. O melhor é que funciona!

As ideias, orientações, dicas específicas e estratégias, além de mudanças passo a passo deste livro, foram reunidas por meio de relatos de pais como você, que estão frustrados porque suas tentativas de disciplina não funcionaram. Os comportamentos ruins continuaram, os atritos familiares cresceram e a autoestima dos filhos despencou. Mas quando seguiram com rigor os planos de mudança propostos por Michele, o comportamento ruim de seus filhos foi totalmente eliminado. Também perceberam que seus filhos se tornaram mais colaboradores, mais bem-comportados e divertidos. Além disso, perceberam uma mudança em si mesmos: ficaram menos estressados e mais satisfeitos em seu papel de pais. O que mais você pode querer?

Então, aqui vai meu conselho: não leia este livro apenas – use-o! Comece um Diário de Mudanças, como sugere Michele, dedique tempo para entender as Mudanças de Comportamento, para compreender *por que* seu filho pode estar se comportando mal e, depois, utilize as medidas da autora para acabar com o que não está certo. Você vai conseguir o que mais quer: eliminar o mau comportamento de seu filho. E, ainda, há mais uma vantagem: usando essas estratégias, seu filho vai aprender boas maneiras e hábitos morais fortes. E isso fará com que o caráter dele melhore. Perceba a importância de tudo isso! Criar os filhos em um lar amoroso e seguro e ensinar a eles como agir certo é o maior legado que você pode deixar. Desejo-lhe tudo de bom no papel mais importante de sua vida!

Jack Canfield
Coautor de *Histórias para aquecer o coração*

1
Preparando-se para as mudanças

*Não tenha medo de se mover lentamente;
tenha medo apenas de não se mover.*

Provérbio chinês

Começando

Não acredito que estou admitindo isso, mas meu filho está me deixando maluca. Ele tem 10 anos e costuma ser um menino bonzinho, mas a maneira com que age de vez em quando me faz pensar que talvez ele tenha passado por um transplante de cérebro. Já tentei fazer tabelas para monitorar seu comportamento, já apliquei castigos, tirei as coisas de que ele gosta e até já o chantageei. Tudo funciona por um tempo, até ele dar início ao comportamento ruim novamente. Já não sei mais o que fazer e minha paciência está no fim. Como fazer com que meu filho se comporte – e se mantenha comportado – sem que eu fique louca? Deve haver uma maneira melhor!

– Carolyn, mãe solteira de Seattle, Washington

"Quantas vezes preciso dizer?"
"Já chega! Pare!"
"Por que você não consegue se comportar?"

Parece familiar? Bem, você não está sozinho. Uma das maiores preocupações dos pais é fazer com que seus filhos se comportem. Sei disso não apenas porque sou mãe de três adolescentes, mas porque também já fui professora, colunista especialista em educação da Oxygen Media, membro do conselho da revista *Parents* e palestrante. Ao longo dos anos, tenho recebido centenas de perguntas de pais desesperados e já vi muitas semelhanças em todas elas.

Em primeiro lugar, os pais quase sempre fazem perguntas sobre o mesmo tipo de comportamento ruim. No topo da lista estão as questões a respeito de como fazer com que os filhos os escutem, além de reclamações a respeito do fato de eles reclamarem, serem agressivos e responderem de modo mal-educado. E também reclamam da raiva, da ansiedade, das brigas e assim por diante. Comecei a registrar esses dados e descobri 38 comportamentos ruins que mais irritavam os pais.

Em segundo lugar, os pais querem saber como disciplinar seus filhos, não apenas reprimindo o comportamento ruim na hora em que ele aconteceu, mas eliminando-o totalmente – e fazer isso sem lembretes, pedidos, orientações, gritos, ameaças e chantagem.

Descobri que eu estava repetindo as mesmas respostas sem parar e dando as mesmas dicas de comportamento, até que um pai me perguntou: "Não pode escrever sobre isso num livro?", e foi assim que *Onde foi que eu errei?* surgiu. As cartas deste livro são reais, cartas que recebi de pais, e as respostas são as mesmas que já dei incontáveis vezes. Há uma grande diferença: vou dar estratégias simples e comprovadas para você mudar os comportamentos ruins de seu filho, mas peço que você dê mais um passo. Por favor, não leia simplesmente estas ideias: comprometa-se a mudar o comportamento de seu filho criando um plano de ação para ajudá-lo a ser bem-sucedido e depois use-o de modo constante até conseguir *ver* a mudança. É o que chamo de Mudança de Comportamento, e é isso que este livro vai auxiliá-lo a fazer.

Vou ajudar você a escrever cada plano, mas é você quem deve levá-lo adiante. E se fizer isso, terá uma garantia: o relacionamento entre você e seu filho vai melhorar, sua vida em família será mais harmoniosa, seu papel como pai/mãe será mais agradável e seu filho se comportará da maneira que você deseja. São grandes garantias e para consegui-las você terá de se esforçar. Mas, afinal, o esforço não faz parte da criação? Todos nós temos um grande objetivo como pais: criar nossos filhos de modo a torná-los seres humanos felizes, bem-comportados, bons e decentes. E é exatamente isso que você vai ter em troca ao pôr em ação os Planos de Mudança de Comportamento. Vamos começar.

Como usar este livro

Todas as estratégias de que você precisa para mudar os comportamentos de seu filho estão neste livro. Mas ao trabalhar com centenas de pais com essas ideias, estou convencida de que existem alguns recursos que ajudarão você com a mudança. Recomendo que siga as cinco principais tarefas de preparação sempre que testar uma nova mudança, para atingir uma alteração comportamental a longo prazo:

- *Use um Diário de Mudanças.* Cada mudança traz perguntas para ajudar você a pensar a respeito do comportamento de seu filho. Sugiro que você escreva suas ideias e seu plano de ação no que eu chamo de Diário de Mudanças. Pode ser um bom diário de couro ou um caderno universitário; qualquer um serve. Mas procure escrever nele todos os dias. Você poderá reler suas anotações, ver padrões de comportamento que, de outra maneira, não perceberia e acompanhar o progresso de seu filho. Até mesmo os pais mais relutantes consideraram essencial o Diário de Mudanças.

- *Converse com pessoas do convívio de seu filho.* Consulte outras pessoas que conhecem bem o seu filho – família, avós, professores, funcionários da escola, parentes, assistentes e técnicos de times esportivos, catequistas, pessoas do contexto religioso, babás – para descobrir o que eles pensam do comportamento dele. Por exemplo: ele age da mesma maneira quando está com eles? O que eles acreditam ser a causa do problema? Como reagem? Funciona? Quais são as sugestões deles? Quando você desenvolver seu plano de mudanças, conte a eles. Quanto mais vocês trabalharem juntos, mais rápido será interromper o problema de comportamento. A constância é uma parte essencial de uma mudança eficaz.

- *Registre o comportamento desejado em um calendário.* Uma ferramenta de mudança importante é o calendário mensal. Compre um que tenha espaço para você escrever algumas frases todos os dias sobre o progresso de seu filho. Por exemplo, anote a data em que algum comportamento teve início. Assim que a mudança começar, anote diariamente quantas vezes seu filho demonstra o comportamento ruim. Se o plano for eficaz, logo você notará um declínio na frequência de atitudes ruins, e vai saber que seu plano está funcionando.

- *Leia os recursos.* Depois de cada mudança vem uma lista com leituras indicadas. Algumas são para você, e outras são para seu filho. Elas oferecem uma base mais detalhada a respeito do comportamento e das dicas mais úteis para a mudança. Leia um ou dois livros indicados sempre que notar que precisa fazer uma mudança.

- *Forme um grupo de apoio de pais.* Uma das melhores maneiras de usar este livro é discutindo esses assuntos com outros pais. Você vai ver que os filhos dos outros têm problemas de comportamento parecidos com os do seu filho – o que sempre conforta um pouco –, e assim terá a chance de escutar o que eles têm a sugerir a respeito do que funciona ou não na hora de eliminar tais atitudes. Por isso, forme um grupo ou entre para algum já existente. Não importa o tamanho do grupo; pode até ser apenas outro pai ou outra mãe. O importante é que vocês gostem um do outro e se comprometam em se encontrar regularmente.

Como funciona cada mudança de comportamento

Todas as mudanças neste livro seguem um plano geral simples de seguir e usar. Aqui estão os elementos de cada mudança:

1. Uma carta que recebi de um pai preocupado com um problema real de comportamento de seu filho. Essas cartas representam os problemas de comportamento mais comuns e frequentemente mencionados entre as correspondências que recebo.
2. Uma Dica de Comportamento de uma ou duas frases que mostre a essência de uma abordagem bem-sucedida para mudar esse comportamento.
3. Uma grande seleção de estratégias que foram apresentadas para melhorar cada problema de comportamento. Essas técni-

cas são retiradas de pesquisa empírica realizada pelos melhores profissionais, estudiosos e praticantes do campo do desenvolvimento e da psicologia infantil. Por favor, estude esses métodos cuidadosamente e veja quais podem ser aplicados no caso de seu filho.

4. O Plano de Mudança de Comportamento, que mostra a você como aplicar essas regras a uma situação específica. Essa seção é *essencial* para que você crie seu plano de ação para mudar o comportamento de seu filho. Ele pede que você reflita sobre seus problemas de comportamento, do passado e do presente, para que, assim, você possa criar o contexto e fazer a ligação entre você e seu filho. Vai ajudar você a entender o que está funcionando e o que não funciona em suas reações como pai em relação aos problemas de seu filho até agora. Mais importante ainda, ele vai levar você a se esforçar mais para entender por que seu filho está agindo dessa maneira. Vai incentivar você a escrever o que pensa, suas reações e maiores preocupações no Diário de Mudanças. Em seguida, sua tarefa será criar um plano com base no estudo das estratégias da primeira seção e aplicá-las a seu filho. Não se esqueça de escrever esse plano em seu Diário de Mudanças.

5. O Compromisso de Mudança para cada problema de comportamento. Esse compromisso pede a você que escreva exatamente o que vocês concordam em fazer nas próximas 24 horas. Então façam isso. Pesquisas comprovam que seu plano tem 90% de chance de funcionar se você colocá-lo em ação nas próximas 24 horas. Não espere!

6. Os Resultados da Mudança, com espaço para registrar o progresso de seu filho nas próximas três semanas. A pesquisa mostra que a mudança real de comportamento demora, no mínimo, 21 dias de repetição, por isso não desista cedo demais.

7. Recursos, que oferecem mais leituras relacionadas a respeito do comportamento-problema aos pais pais e também às crianças de todas as idades.

> **VOCÊ SABIA?**
>
> Estudos revelam que 85% de todos os pais de crianças com menos de 12 anos recorrem às palmadas quando estão frustrados, mas menos de 10% acreditam na eficácia de tal medida. Dos pais entrevistados, 65% disseram que preferem disciplinar os filhos usando punições e incentivando o comportamento melhor. Por que eles recorrem às palmadas? Porque desconhecem abordagens de disciplina mais eficazes.

2
Conceitos básicos da mudança de comportamento

*As pessoas que querem mover montanhas
devem começar carregando pedras.*
ANÔNIMO

Assumindo as rédeas

"Estou fazendo o suficiente ou fiz demais?"
"Fui dura demais ou deveria ter sido mais rígida?"
"Talvez eu devesse tê-lo castigado. Quem sabe? Por que ele não se comporta?"

Criar filhos não é fácil, principalmente nos dias de hoje. Passamos noites em claro pensando em nossas habilidades como pais e questionamos nossas decisões. Mas há alguns segredos que tornarão a criação dos filhos menos estressante e que ajudarão as crianças a agirem da maneira que queremos.

O segredo mais importante da disciplina é: *O comportamento é aprendido, ou seja, comportamentos ruins podem ser desaprendidos.* Pense nisso. As crianças não nascem alheias, rudes, provocadoras, mandonas nem egoístas. Elas aprendem esses comportamentos. Depois os comportamentos as ajudam a conseguir o que querem, por isso elas continuam a usá-los.

Pense em algo muito importante: os comportamentos ruins não costumam sumir simplesmente. Para se livrar deles, alguém precisa intervir, e essa pessoa é você. Simplesmente pedir a seu filho que pare de se comportar mal, castigá-lo e passar-lhe um grande sermão, seguido de um olhar de repreensão, não será garantia de que ele se ajeite. Tais técnicas de disciplina são boas para afastar os comportamentos ruins temporariamente, mas raramente eliminam todos eles completamente. É por isso que as crianças costumam reutilizar os mesmos comportamentos ruins de sempre – ou uma variação deles –, e voltamos ao início: pedir, orientar, gritar, ameaçar e chantagear para conseguir obediência. E mais uma vez ficamos exaustos, frustrados, desanimados, e questionamos nossas habilidades como pais.

Lembre-se de que nosso objetivo não é apenas acabar com o comportamento ruim de nossos filhos temporariamente; é *mudar esses comportamentos* de modo que eles deixem de ser usados. E é isso que este livro vai ensinar. É uma nova abordagem à disciplina, e é a abordagem que vai ajudar você a mudar o comportamento de seu filho a longo prazo. Você terá não apenas um filho com um comportamento melhor, mas também sentirá menos estresse para que possa, finalmente, aproveitar seu relacionamento com ele. Por isso, prepare-se para grandes mudanças entendendo alguns pontos importantes sobre as mudanças de comportamento.

Os principais pontos a ser lembrados sobre como mudar o comportamento de seu filho

Existem cinco segredos para consertar o comportamento de seu filho. Eles são mostrados em todas as mudanças deste livro, mas é importante que você saiba reconhecê-los para poder usá-

-los sempre que tentar realizar uma mudança de comportamento com seu filho. Aqui estão os cinco segredos:

1. *Mire o comportamento.* A primeira parte é a mais importante: você deve identificar o comportamento ruim específico que está tirando todo mundo do sério. Sim, seu filho pode estar demonstrando uma série de comportamentos que precisam ser ajustados, mas é aconselhável melhorar apenas um comportamento – e nunca mais de dois – por vez. Assim, você poderá desenvolver um plano de comportamento mais específico para eliminar o comportamento ruim, e assim terá mais chances de ter sucesso com seus esforços de mudança. Por isso, não diga "Ele não está se comportando". Em vez disso, concentre-se em seu alvo, o comportamento específico que quer eliminar, como "Ele está muito respondão".
2. *Crie um plano de mudança sólido.* Depois de identificar o comportamento ruim, crie um plano de mudança sólido para acabar com ele. O plano precisa: 1) abordar o comportamento de seu filho; 2) determinar exatamente como você deve corrigi-lo; 3) identificar o novo comportamento que deve substituí-lo; e 4) descrever como você pretende ensiná-lo. Os planos devem ser específicos ao problema e às necessidades únicas de seu filho. Darei a você todas as estratégias de que precisa e farei as perguntas que ajudarão você a criar um plano preciso para seu filho. Você só precisa seguir os passos e depois escrever suas ideias no Diário de Mudanças.
3. *Estabeleça uma consequência.* Se seu filho continuar a se comportar mal, o próximo passo é estabelecer uma consequência para o comportamento. Ela deve ser justa, apropriada para a criança, condizente com a infração, e ser clara para que seu

filho tenha consciência dela. Depois, ela precisa ser reforçada *todas as vezes* em que ele não se comportar. Uma lista de consequências pode ser encontrada nas páginas 341-342. Por favor, leia a lista para consultar cada mudança.

4. *Comprometa-se com a mudança.* Nem mesmo a melhor mudança do mundo vai funcionar se você não se comprometer a mudar o comportamento de seu filho. Além disso, você vai precisar ser persistente em seu plano para ter sucesso.

5. *Estenda seu comprometimento por 21 dias.* Se quiser eliminar o mau comportamento, comprometa-se com um período de teste de 21 dias. Não espere sucesso da noite para o dia; as mudanças não ocorrem dessa forma. A mudança de comportamento vem depois de, no mínimo, 21 dias de repetição, por isso, espere. *E não desista antes de perceber uma mudança positiva.* Se por acaso não perceber mudanças, analise seu plano para ter a certeza de que não deixou nada de fora. Além disso, tenha certeza de que *suas* expectativas sejam possíveis para seu filho. E se o mau comportamento persistir, consulte um profissional especializado – pediatra ou psicólogo infantil – para ajudar você a progredir no plano de mudanças.

Dez princípios de comportamento que você precisa saber

Já que você comprou este livro, supomos que as coisas não deram tão certo quanto você esperava para mudar o comportamento de seu filho. Está na hora de testar uma nova abordagem. Começamos analisando alguns princípios básicos da Mudança de Comportamento.

Quase todos os comportamentos:

1. *São aprendidos.* Alguns comportamentos podem ser influenciados por fatores biológicos, mas a maioria é aprendida. Por exemplo, a criança tímida pode aprender habilidades sociais para se tornar mais confiante em grupos; a criança agressiva pode aprender habilidades de controle de raiva; e a criança impulsiva pode aprender habilidade e técnicas para parar e pensar antes de agir.
2. *Podem ser mudados.* A maioria dos comportamentos pode ser transformada por meio de técnicas testadas e comprovadas.
3. *Precisam de intervenção.* Não espere que seu filho mude sozinho. O comportamento dele provavelmente só vai piorar se você não intervier. Além disso, não pense que o comportamento ruim é apenas uma fase que será superada. Dessa maneira, você permitirá que o mau comportamento tenha tempo de se tornar um hábito, e assim ficará mais difícil de mudar.
4. *Demoram para ser mudados.* A mudança de comportamento leva tempo. Não espere que seu sermão de sábado à noite cause mais do que um pequeno abalo no comportamento de seu filho no domingo. Dê tempo a si mesmo e a ele. Lembre-se de que aprender novos hábitos de comportamento costuma levar um mínimo de 21 dias de repetição.
5. *Exigem comprometimento.* O comprometimento de longo prazo é necessário para qualquer mudança significativa e permanente. Não há como fugir: a criação dos filhos é um trabalho difícil.
6. *Devem ter um substituto.* Nenhum comportamento mudará completamente, a menos que você ensine a seu filho outro comportamento para substituí-lo. Pense bem: se você pedir a seu filho que pare de repetir um comportamento, o que ele vai fazer? Sem um comportamento substituto, é possível que ele adote o comportamento de antes.

7. *Exigem um bom exemplo.* Os comportamentos são mais bem aprendidos quando o exemplo certo é dado, por isso fique atento para que suas atitudes e exemplos sejam aqueles que você quer que seu filho imite. Chamo isso de Efeito Bumerangue: o que você lança a seu filho é como um bumerangue que volta para acertá-lo no meio da testa.
8. *Requerem prática.* A mudança de comportamento requer prática. Você nunca diria a um filho para entrar em um jogo e dar um passe entregando-lhe apenas a bola, quando o jogo está no começo. Em primeiro lugar, você teria de ajudá-lo a treinar por semanas antes de isso acontecer. A mesma coisa pode ser dita a respeito de aprender qualquer comportamento novo, por isso pratique, pratique até ele conseguir realizar o novo comportamento sozinho.
9. *Beneficiam-se com o incentivo.* Incentive seu filho o tempo todo: desde a disposição para tentar, os primeiros esforços e pequenos sucessos, as recuperações de contratempos, até o máximo de melhoria. A mudança de comportamento é difícil e merece ser incentivada, reconhecida e comemorada.
10. *Podem ser mudados a qualquer momento.* Mesmo que o problema já persista há algum tempo, não se desespere. A ajuda está a caminho.

Os dez Cs da grande mudança

Você perceberá técnicas recorrentes em quase todas as intervenções de comportamento. Elas são essenciais para garantir o sucesso de toda mudança, por isso não deixe de usá-las. Eu as chamo de Dez Cs da Grande Mudança:

1. *Conecte-se com calma com seu filho.* Qualquer mudança de comportamento deve ter início com você abordando seu filho com calma. Elimine quaisquer distrações, respire fundo para se controlar, olhe nos olhos e certifique-se de que tem a atenção total de seu filho. Assim, poderá começar.
2. *Comunique suas preocupações com clareza.* Não suponha que seu filho entende o que fez de errado. Descreva o problema brevemente, por que ele o preocupa e qual comportamento você espera como substituição. Por exemplo: "Quando você usou aquele tom de voz, foi desrespeitoso. Espero que você passe a falar com respeito".
3. *Comprometa-se a ajudar a sanar o problema.* Enfatize seu comprometimento em atuar com seu filho para ajudá-lo na mudança. O ideal é que vocês estejam do mesmo lado para terem sucesso.
4. *Condicione um novo comportamento para substituir aquele inadequado, para que ele saiba usá-lo com sucesso.* Por exemplo, não suponha que seu filho saiba como você quer que ele fale. As reclamações podem ter se tornado um hábito tão forte a ponto de ele ter esquecido como falar normalmente. "Não dou ouvidos a reclamações. Preste atenção em como eu falo. É assim que espero que você peça alguma coisa. Agora tente."
5. *Corrija o comportamento ruim assim que ele ocorrer.* Não espere. O momento certo de corrigir um comportamento inadequado é quando seu filho o demonstra. As correções de comportamento são breves; descrevem o que a criança fez de errado e mostram como corrigir a atitude: "Sei que você estava com fome, mas não pode agredir. Da próxima vez, diga à pessoa que você está nervoso e explique o que quer".
6. *Confira o progresso de seu filho conforme der prosseguimento à mudança.* Mude seu plano se for preciso.

7. *Crie uma consequência se o mau comportamento continuar ocorrendo.* A consequência deve ser razoável, apropriada à criança e ao erro e anunciada com antecedência: "Se você morder de novo, vai ficar pensando por cinco minutos".
8. *Cobre a consequência combinada.* No caso de não haver mudanças depois da tentativa, aplique a consequência que combinaram. E faça isso de modo firme.
9. *Converse com seu filho sobre seus esforços positivos.* Não ignore a maneira mais simples e geralmente mais eficiente de mudar o comportamento: "Você falou comigo de modo respeitoso. É assim que eu gosto. Muito bem!"
10. *Confirme que está percebendo os resultados positivos, se estes ocorrerem.* Mudar é difícil – e principalmente para as crianças –, por isso comemore os esforços de seu filho. E não se esqueça de parabenizar a si mesmo!

Olhando-se no espelho

Nenhum problema de comportamento é apenas da criança, trata-se de um problema da família. Para ajudar seu filho, distancie-se, analise a situação de modo geral e pergunte a si mesmo: "Quais são os fatores que podem estar fazendo com que meu filho se comporte mal?" A primeira coisa a fazer é dar uma boa olhada no espelho. A imagem que você projeta pode ter enorme influência no comportamento de seu filho. Afinal, nossa imagem é refletida a nossos filhos, e o que eles veem é o que copiam. Antes de começar a planejar como mudar o comportamento de seu filho, observe o seu com seriedade.

Eis algumas mudanças que precisam ser levadas em conta. Ao analisar essas questões, escreva o que pensa em seu Diário de Mudanças. Isso será a base da mudança mais difícil, mas a mais importante: aquela que você fará em si mesmo.

Quando você se olha no espelho:

- A imagem externa que seu filho e sua família veem reflete sua imagem interna, por isso preste atenção em seu interior. O que vê? Está satisfeito com sua imagem? Quais são as suas preocupações? Escreva todas elas.
- Que imagem você quer que seu filho e sua família vejam? O que eles realmente veem? O que você pode fazer para melhorar essa imagem? Escreva o que pensa.
- Como você cuida de sua aparência? Anda pela casa com o cabelo despenteado e com roupas velhas? Como cuida de sua saúde? E de seu estresse? Você se descontrola, bebe além da conta, começa a gritar e a dar chilique quando as pressões da família, do trabalho e dos filhos ficam grandes demais? Ou você consegue manter tudo sob controle, tira um cochilo, sai para caminhar, beija seu marido, pratica ioga, faz exercícios ou conta uma piada? Como cuida de sua espiritualidade? E de seu crescimento intelectual? E de seus interesses? E de sua família? E de seus relacionamentos? O que mais o preocupa? Como suas preocupações afetam seu filho? O que você pode fazer para cultivar as imagens que lhe são mais importantes? Escreva seu plano.
- Se seu filho observasse apenas o seu comportamento, o que ele veria? Quais comportamentos ele mais copia? Fumar? Fofocar? Ler? Exercitar-se? Cantar? Humilhar amigos e vizinhos? Beber? Contar piadas preconceituosas? Xingar? É essa a imagem que você deseja que seu filho copie? Se não é, o que pode fazer para melhorá-la de modo que seu filho passe a ter um exemplo melhor?

- Quais são os pontos mais fortes na criação de seus filhos? Você escuta abertamente, tem senso de humor, lida com as frustrações com calma, aceita seu filho incondicionalmente? Relacione todos os seus pontos fortes. Seu filho vê esses pontos fortes? Quais desses pontos podem melhorar o comportamento de seu filho ou o caráter dele? Você projeta esses pontos em sua família com regularidade? Se não, por que não? Escreva o que fará para fortalecer seus pontos positivos.
- Quais são seus pontos fracos na criação de seus filhos? O que causa suas fraquezas? Como essas imagens afetam o comportamento de seu filho? Escreva como vai derrubar sua imagem mais problemática nesse momento.
- Com qual problema de comportamento de seu filho você mais se preocupa? Por quê? Você tem o mesmo problema que seu filho tem? Mais alguém de sua família tem esse problema? Você tinha esse mesmo problema quando tinha a idade dele? Como seus pais reagiam? Resolvia? Como as pessoas reagiam a você? Como você se sentia com essa reação? Como você tentou resolver o problema? Deu certo? O que não deu certo? Por quê?
- Como é seu relacionamento com seu cônjuge ou pai de seu filho? Vocês estão mostrando o modelo que gostariam que seu filho copiasse e usasse com os filhos dele? Você briga com seu cônjuge na presença das crianças? Chegam a se agredir? Xingam? Gritam? O que você fará para melhorar seu relacionamento com seu cônjuge a fim de ajudar seu filho?
- Quando você se olha no espelho, enxerga uma pessoa que usa os filhos como peças nas brigas com o parceiro? Você tenta colocar as crianças de um determinado lado, conta a elas assuntos de adultos, ou as manipula nas questões domésticas?

Está se identificando com isso? Em caso afirmativo, pense sobre como isso pode estar sendo prejudicial a seu filho. O que você pretende fazer para mudar essa situação? Escreva.

- Você acha que seu filho pode estar agindo de acordo com alguma dor ou conflito que você consegue ver nesse espelho? Seu filho está reagindo ao seu comportamento ou aos conflitos não resolvidos em seu relacionamento? Ele está tentando lhe dizer algo sobre você mesmo ou sobre seu casamento?
- Como você reage quando seu filho se comporta mal? Como ele reage à sua reação? Qual mensagem é transmitida a ele? É eficiente? Em caso afirmativo, por quê? Em caso negativo, o que você poderia fazer para melhorar? Descreva quais medidas você está disposto a adotar.
- Como a disciplina era imposta em sua família quando você era criança? Como ela afetou seu comportamento? Qual é o método mais comum que você usa para disciplinar seu filho? Está sendo eficaz para melhorar o comportamento dele? Quais melhorias você gostaria de fazer?
- Qual legado você gostaria de deixar a seu filho? O que vai fazer para garantir que isso ocorra? Escreva uma carta a si mesmo descrevendo as esperanças e os sonhos que tem para a criança – o legado que gostaria de deixar. Releia sua carta com frequência.

Sua mudança de comportamento

Nossas atitudes diárias – desde a aparência, as escolhas, as palavras, até a maneira como tratamos nossos filhos, amigos, colegas e vizinhos – têm grande influência no comportamento de nossos filhos, muito mais do que imaginamos. Nas linhas a seguir, escreva o que você julga mais importante para ser mudado em si mesmo e que também teria uma influência positiva no comportamento da criança. Depois, escreva o plano de ação em seu Diário de Mudanças, descrevendo as medidas específicas que vai tomar para fazer com que essa transformação aconteça:

_____
_____
_____

3
Trinta e oito mudanças de comportamento

As pessoas raramente progridem quando não têm outro modelo a copiar senão elas mesmas.
Anônimo

COMPORTAMENTO 1

Raiva

Estou começando a me preocupar com meu filho de 11 anos. Ele é um filho maravilhoso, de ótimo coração, mas tem personalidade forte! Sempre que se sente contrariado, dá chutes e socos em tudo e em todos ao redor. Já tentei tirar-lhe privilégios, dar sermões e até umas palmadas, mas nada está resolvendo. Ele vai deixar o ensino fundamental em breve, e tenho medo de que se transforme no terror da sala de aula ou que seja expulso.

– Kamil, quatro filhos, Las Vegas, Nevada

"Estou muito preocupada com ele. Ele se descontrola totalmente quando fica bravo."

"Tenho medo de que ele se meta em grandes apuros; ele perde a razão rápido demais quando está irritado."

DICA DE COMPORTAMENTO

Se quisermos que nossos filhos sejam mais calmos, precisamos ajudá-los a identificar por que estão irritados e ensinar a eles habilidades de controle da raiva.

"Ela podia simplesmente dizer às outras crianças que está brava, mas, em vez disso, dá chilique."

Dentes cerrados. Respiração ofegante. Rosto vermelho. Não é fácil ensinar aos filhos uma nova maneira de lidar com sentimentos de raiva, principalmente se eles só estiverem praticando maneiras agressivas de lidar com suas frustrações. O bom é que, apesar de a violência ser aprendida, a calma também é. Aprender um hábito novo leva tempo, principalmente expressar a raiva de modo mais construtivo, por isso não desista! Se você se mantiver firme, vai conseguir ajudar seu filho a aprender uma maneira mais saudável de lidar com a raiva. Você também pode conseguir ajudá-lo a descobrir a fonte da raiva.

Cinco passos para acabar com a raiva inadequada

Eis cinco passos para guiar você na hora de ajudar seu filho a lidar com a raiva e aprender maneiras mais saudáveis de expressá-la.

Passo 1. Identifique os sinais de raiva

Explique a seu filho que todos temos pequenos sinais que nos alertam para o fato de estarmos ficando irritados, e que devemos prestar atenção a eles, porque nos ajudam a não nos metermos em encrenca. Em seguida, ajude seu filho a reconhecer quais sinais de alerta específicos ele pode sentir para saber que está começando a se chatear. Por exemplo: "Parece que você está tenso. Seus punhos estão cerrados. Você sente que está começando a ficar nervoso?" A raiva aumenta rapidamente; se uma criança esperar até chegar ao limite para voltar a se controlar, vai ser tarde demais – e assim você precisa tentar ajudá-la.

Passo 2. Reconheça o que causa a raiva

Toda criança demonstra certos sinais que acionam frustrações mais profundas e conflitos não resolvidos que podem causar acessos de raiva. Por exemplo, seu filho pode se sentir desvalorizado na família ou incapaz dentro do ambiente competitivo da sala de aula, ou talvez sofra de baixa autoestima. O segredo é identificar o que causa a raiva em seu filho e ajudá-lo a ter consciência de quando ela ocorre.

Passo 3. Desenvolva um vocabulário de sentimentos

Muitas crianças demonstram agressão, chutando, gritando ou mordendo, por exemplo, porque simplesmente não sabem como expressar suas frustrações de outra maneira. Precisam de um vocabulário de emoções para exprimir como se sentem, e você pode ajudar seu filho a desenvolver um. Aqui estão algumas palavras: *irritado, chateado, irado, frustrado, nervoso, agitado, furioso, apreensivo, tenso, ansioso, incomodado, perturbado.* Quando seu filho estiver irritado, use as palavras para que ele possa aplicá-las à vida real: "Parece que você está bem irritado. Quer conversar sobre isso?", "Você me parece bem nervoso. Quer colocar tudo para fora?"

Passo 4. Ensine habilidades saudáveis de controle da raiva

Se você quer que seu filho lide com a raiva de modo mais apropriado, ensine a ele um novo comportamento que pode substituir o comportamento inadequado que ele está usando agora:

- *Ensine-o a falar consigo mesmo.* Ensine a ele uma afirmação: uma mensagem simples e positiva que ele pode dizer a si mesmo em situações estressantes. Por exemplo: "Pare e mantenha-se calmo", "Mantenha o controle" e "Consigo lidar com isso".
- *Rasgue a raiva.* Diga a seu filho para escrever ou desenhar o que o está incomodando em um pedaço de papel, depois o rasgue e o jogue fora. Ele também pode usar o conceito imaginando que a raiva está saindo dele lentamente, em pequenos pedaços.
- *Ensine o controle da respiração abdominal.* Ensine o método com seu filho sentado em uma posição confortável, com as costas retas e pressionadas contra uma cadeira para obter apoio. Mostre a ele como inspirar lentamente contando até cinco. Pare por duas contagens, depois lentamente expire da mesma maneira, mais uma vez contando até cinco. Repetir a sequência oferece grande relaxamento.
- *Ensine "1 + 3 + 10".* Explique a fórmula: "Assim que você sentir seu corpo enviando um sinal de aviso que diz que você está perdendo o controle, faça três coisas. Em primeiro lugar, pare e diga: 'Fique calmo'. Esse é o número 1. Agora respire profundamente, três inspirações abdominais lentas. Esse é o número 3. Por fim, conte lentamente até dez. Esse é o número 10. Reúna todos e terá '1 + 3 + 10', e isso ajudará você a se acalmar e a reassumir o controle".

> **VOCÊ SABIA?**
> Uma pesquisa nacional de 1998, realizada pelo Instituto Josephson de Ética, descobriu que quase uma em cada quatro pessoas do sexo masculino, estudantes do ensino fundamental e médio, disse que agrediu alguém nos últimos doze meses "porque estava com raiva".

Passo 5. Dê um tempo quando a raiva inapropriada persistir

Apesar de você ter ensinado a seu filho estratégias alternativas para lidar com as emoções fortes, comportamentos antigos demoram a ser substituídos. Enquanto isso, você não pode permitir que seu filho continue demonstrando uma raiva inadequada. Explique que, apesar de não haver problema nenhum em ficar irritado, ele deve usar as palavras, não os punhos, para mostrar como se sente. Se isso não funcionar, procure nas páginas 341-342 uma lista de consequências apropriadas.

Plano de mudança de comportamento

Seu comportamento é um guia vivo para seu filho, por isso a primeira maneira de começar uma mudança de comportamento é refletindo em seu próprio estilo de reagir à raiva. Estas perguntas podem ajudar: Como seus pais lidavam com a raiva? Como você costuma lidar com a raiva? Onde você aprendeu esse estilo? Ele funciona ou não com você? De que maneira você está moldando a administração da raiva para seu filho? E quanto aos outros membros da família? Quais lições seu filho pode estar aprendendo com esses comportamentos? Como você costuma reagir à raiva de seu filho? É uma maneira eficiente? O que você gostaria de mudar? Escreva suas ideias e faça um plano de como vai mudar.

Agora está na hora de agir para começar a mudar o comportamento de seu filho. Use seu Diário de Mudanças para anotar o que pensa e para desenvolver seu plano:

1. Observe com atenção como seu filho controla a raiva. A maneira com que nossos filhos agem costuma ser um sintoma de problemas mais profundos. Aqui estão alguns sinais de alerta que mostram que uma criança precisa de uma mudança mais intensa na raiva. Quantos destes comportamentos descrevem seu filho?

Sinais de alerta da raiva

_____ Incapaz de explicar como está se sentindo quando fica irritado.

_____ Tem acessos frequentes de raiva, mesmo que seja em assuntos simples.

_____ Tem dificuldades para se acalmar quando está frustrado ou irritado.

_____ Transforma a raiva em chilique (por exemplo, gritando, chutando, xingando, cuspindo).

_____ Tem dificuldade de se recuperar de uma situação frustrante.

_____ Costuma brigar e bater nas outras pessoas.

_____ Age sem pensar e muitas vezes se comporta sem cuidados.

_____ Costuma se manter calado e guarda os sentimentos.

_____ Verbaliza, escreve ou faz desenhos de atos violentos ou agressivos.

2. Observe os acessos de raiva de seu filho com atenção na próxima semana. Pense em registrar a frequência de incidentes em um gráfico, calendário ou diário. Talvez seja útil para que você consiga entender o que pode estar provocando os acessos. O que você pode fazer para reduzi-los? Escreva o que pensa a respeito.
3. Releia o Passo 1. Perceba quais sinais fisiológicos seu filho demonstra *imediatamente antes* de expressar raiva. Anote suas observações e divida-as com seu filho para ajudá-lo a reconhecer os sinais de alerta.
4. Releia o Passo 2. Quais são as possíveis fontes de raiva de seu filho? Relacione-as. Quais delas podem ser eliminadas? Quais delas podem ser controladas? Escreva sua estratégia para ajudar seu filho a lidar com as fontes inevitáveis de raiva.
5. Releia o Passo 3. Seu filho tem um vocabulário emocional adequado para expressar seus sentimentos? Em caso negativo, planeje maneiras de melhorar esse tipo de vocabulário.
6. Releia o Passo 4 e escolha uma estratégia de controle de raiva para ensinar a ele. Relacione os dias e os horários que planeja reservar para a prática, e continue revendo a técnica até que seu filho seja capaz de usá-la sem sua ajuda.
7. A maneira pouco saudável com que seu filho reage à raiva deve ser substituída. Releia o Passo 5. Que consequências você vai estabelecer para ajudar a acabar com o comportamento incorreto? Veja as páginas 341-342.

A raiva é normal, mas quando você percebe uma tendência constante, quando ela começa a prejudicar os relacionamentos de seu filho com os outros membros da família ou terceiros, ou quando você percebe mudanças repentinas de comportamento que não estão relacionadas a doenças ou ao uso de medicação, *ouça sua intuição e procure ajuda.*

➡ Ver também *Ansiedade, Agressão, Acessos de raiva, Gritos.*

Compromisso de mudança

Como você usará os cinco passos e o Plano de Mudança de Comportamento para ajudar seu filho a realizar uma mudança de longo prazo para lidar com a raiva de modo mais construtivo? Nas linhas a seguir, escreva exatamente o que você concorda em fazer dentro das próximas 24 horas para dar início à mudança de comportamento de seu filho.

_____

_____

Resultados da mudança

Todas as mudanças de comportamento exigem trabalho árduo, prática constante e reforço dos pais. Cada passo que seu filho dá em direção à mudança pode ser pequeno, por isso tome o cuidado de reconhecer e parabenizar cada um deles. São necessários, no mínimo, 21 dias para que os resultados reais comecem a aparecer, por isso não desista cedo demais. Lembre-se de que, se uma estratégia não funcionar, outra funcionará. Anote o progresso semanal da criança nas linhas a seguir. Faça registros de seu progresso diário no Diário de Mudanças.

SEMANA 1
_____
_____
_____

SEMANA 2
_____
_____
_____

SEMANA 3
_____
_____
_____

COMPORTAMENTO 2

Ansiedade

E stou muito preocupada com minha filha. Ela só tem 10 anos, mas já parece muito estressada. Antes de uma prova, ela enlouquece: não consegue dormir, fica ansiosa e chora. Tenho medo de conversar com ela antes de seus jogos de futebol – ela fica com o humor tão instável que não consigo imaginar como ela vai sobreviver ao ensino médio no ritmo que está indo.

– Raoul, pai de Kansas City, Missouri

DICA DE COMPORTAMENTO

Você pode ajudar a controlar o nível de ansiedade na vida de seu filho. Seus sonhos e expectativas devem ser fontes de estímulo e inspiração, e não de desgaste ou prejuízo. Além disso, certifique-se de que perseguições, violência escolar ou acontecimentos trágicos mundiais não estejam diminuindo a sensação de bem-estar da criança.

Respiração ofegante.
Medo de sair de casa.
Coração acelerado.
Insônia.

Você acha que o estresse faz parte apenas do mundo dos adultos? Pense melhor. Estudos mostram que as crianças de hoje estão sentindo muito mais pressão do que imaginamos. Sintomas de estresse estão ficando evidentes em crianças de 3 anos. Dias repletos de compromissos, competição, escola, vida agitada, problemas domésticos, notícias assustadoras na TV e pais estressados são apenas algumas das causas. Uma coisa é certa: o estresse faz parte da vida, e algumas crianças parecem conviver com ele. A pergunta mais importante é: *O estresse estimula ou paralisa meu filho?*

Quatro passos para reduzir a ansiedade

Use o esquema a seguir como guia para diminuir a ansiedade de seu filho.

Passo 1. Identifique causas possíveis de ansiedade

O primeiro passo para eliminar a ansiedade de seu filho é ver o que está causando a pressão. Comece escutando sobre as preocupações e reclamações de seu filho. Não diminua nem ignore nenhuma das preocupações dele. Em vez disso, escute com atenção. Depois, passe uma semana avaliando a programação diária de seu filho na escola, em casa e em suas atividades extracurriculares (esportes, dança, grupo religioso, música). Seu filho tem tempo livre?

Passo 2. Elimine os causadores de estresse que conseguir

Tirar apenas uma coisa da atividade semanal de seu filho pode causar uma enorme diferença para reduzir o estresse e a ansiedade dele. Pode ser uma atividade que *você* quer, mas pode não ser uma prioridade para ele.

Passo 3. Lide com os causadores de estresse que não consegue eliminar

Alguns causadores estão além de seu controle. Por exemplo, mesmo que você desligue a TV, seu filho vai tomar conhecimento de acontecimentos mundiais terríveis. Mas você pode ajudá-lo a lidar com esses fatos afirmando a ele que você e as outras pessoas da vida dele estão tomando cuidado para mantê-lo seguro.

Passo 4. Ensine a ele maneiras saudáveis de lidar com a ansiedade inevitável

A ansiedade é uma parte inevitável da vida de todos nós, e as crianças podem aprender a usar algumas das técnicas que nós, adultos, usamos para lidar com a pressão. Eis quatro técnicas de redução da ansiedade:

- *Conversar consigo mesmo*. Ensine seu filho a dizer uma frase para si mesmo a fim de deixá-lo mais calmo para lidar com o estresse. Aqui estão algumas: "Relaxe, acalme-se", "Consigo fazer isso", "Mantenha a calma e respire lentamente", "Não é nada que eu não consiga resolver".

- *Respiração de elevador.* Essa técnica funciona se seu filho já esteve em um elevador. Peça a ele que feche os olhos, respire lentamente três vezes e imagine estar dentro de um elevador no topo de um prédio muito alto. Ele deve apertar o botão para o primeiro andar e observar os botões de cada andar acenderem-se lentamente enquanto o elevador desce. Conforme isso acontece, o estresse dele desaparece.
- *Desaparecimento do estresse.* Peça a seu filho que encontre o ponto no próprio corpo no qual ele mais sente tensão – talvez o pescoço, os músculos dos ombros ou a mandíbula. Ele, então, deve fechar os olhos, concentrar-se nesse ponto, deixando-o tenso por três ou quatro segundos, e depois relaxar. Peça a ele que imagine o estresse desaparecendo lentamente enquanto faz isso.
- *Visualize um local calmo.* Peça a ele que pense em um lugar no qual já esteve e onde se sente tranquilo – por exemplo, na praia, na cama, no quintal dos avós, na casa da árvore. Quando a ansiedade chegar, peça a ele que feche os olhos e imagine esse lugar enquanto respira lentamente.

VOCÊ SABIA?

Dados mostram que entre 8% e 10% das crianças são muito atingidas pela ansiedade. As crianças ansiosas têm de duas a quatro vezes mais probabilidade de sofrer de depressão, e na adolescência têm mais chances de se envolver com drogas. A boa notícia é que os estudos mostraram que cerca de 90% de todas as crianças ansiosas podem aprender muito com as habilidades para lidar com o estresse.

Plano de mudança de comportamento

Que tipo de vida você criou para seu filho? Por exemplo, você espera que ele tenha um desempenho acadêmico, atlético, artístico, ou todos os mencionados, acima da média? Você espera que ele se destaque no que faz? Espera que ele tire as notas mais altas nas provas? Pense na pressão que tem colocado em seu filho. Isso é saudável? O que pode fazer para diminuir a pressão antes de explodir? Escreva um plano.

Agora está na hora de agir analisando o comportamento de seu filho. Use seu Diário de Mudanças para anotar o que pensa e para desenvolver seu plano.

1. Observe seu filho um pouco mais de perto nos próximos dias para ver como anda sua ansiedade. Dentre os sinais de sobrecarga, podem estar mudança nos hábitos de sono, falta de apetite, humor alterado, doenças recorrentes, problemas de concentração, incapacidade de relaxar, reclusão social, roer unhas, mau comportamento, agressão, regressão a atitudes condizentes a crianças de idade inferior, enjoos, reclamação excessiva ou choro. Quais sinais o deixam preocupado? Relacione-os.
2. Perceba que tipo de situação causa mais ansiedade a seu filho. Por exemplo, a violência na escola da comunidade vizinha, as perseguições, um teste que se aproxima, os acontecimentos mundiais. Relacione-os.
3. O que você pode fazer para reduzir a ansiedade? Por exemplo, se você determina que existe uma grande ameaça física à segurança dele, acha que deve matriculá-lo em uma escola diferente? Se as provas causam estresse porque ele acha que será

reprovado, converse com a professora, contrate um professor particular ou ajude-o a estudar. Crie um plano de ação e o coloque em prática.
4. David Elkind, autor de *The Hurried Child*, diz que uma das maneiras mais fáceis de reduzir o estresse é cortar apenas uma atividade extra. Se a sobrecarga de compromissos estiver causando estresse, decida com seu filho qual atividade será cortada. Quando você fará isso?
5. Releia o Passo 4, e decida qual maneira de lidar com a ansiedade você acredita funcionar melhor com seu filho. Depois, ensaie e pratique com ele a estratégia até ele conseguir se lembrar de usar a técnica em um momento de estresse.
6. Continue a observar com atenção o nível de estresse de seu filho. Se não perceber mudanças, consulte um especialista.

➡ Ver também *Raiva, Cinismo, Perfeccionismo exagerado.*

Compromisso de mudança

Como você vai usar os quatro passos e o Plano de Mudança de Comportamento para ajudar seu filho a alcançar uma mudança a longo prazo para reduzir o estresse? Nas linhas a seguir, escreva exatamente o que você concorda em fazer dentro das próximas 24 horas para dar início à mudança de comportamento de seu filho.

_____
_____
_____

Resultados da mudança

Todas as mudanças de comportamento exigem trabalho árduo, prática constante e reforço dos pais. Cada passo que seu filho dá em direção à mudança pode ser pequeno, por isso tome o cuidado de reconhecer e parabenizar cada um deles. São necessários, no mínimo, 21 dias para que os resultados reais comecem a aparecer, por isso não desista cedo demais. Lembre-se de que, se uma estratégia não funcionar, outra funcionará. Anote o progresso semanal da criança nas linhas a seguir. Faça registros de seu progresso diário no Diário de Mudanças.

SEMANA 1

_____

_____

_____

SEMANA 2

_____

_____

_____

SEMANA 3

_____

_____

_____

COMPORTAMENTO 3

Mordidas

A *professora de meu filho de 3 anos disse que ele mordeu uma menininha três vezes na semana passada. Parece que ele quer brincar com ela e a morde porque ela não quer. Se ele não parar, não vai poder mais ir à escola. O que fazer para que ele pare de morder e não seja expulso aos 3 anos apenas? Que situação embaraçosa!*

– Cindy, dois filhos, Denver, Colorado

"Estou aterrorizada. Minha vizinha me contou que minha filha mordeu o filho dela!"

"Quando meu filho fica chateado, ele me morde. Parece que estou criando um vampiro!"

"Um menino da creche de minha filha morde as crianças sempre que fica bravo. Minha filha deve tomar vacina antitetânica?"

DICA DE COMPORTAMENTO

As crianças costumam morder porque não sabem lidar com as frustrações. Você deve ajudar seu filho a encontrar outras maneiras melhores de se expressar.

Morder está entre os comportamentos infantis mais perturbadores ou embaraçosos. Console-se sabendo que essa atitude costuma ser temporária e muito mais comum do que você pode imaginar. Os bebês e as crianças pequenas costumam morder para aliviar a irritação nas gengivas, causada pelo nascimento dos dentes, ou por acreditar que estão brincando. As crianças pequenas costumam morder porque ainda não desenvolveram habilidades para lidar com o estresse de modo adequado nem habilidades verbais para expressar suas necessidades. Mesmo assim, independentemente do motivo, o comportamento claramente prejudica todos os envolvidos e costuma continuar conforme as crianças crescem, se medidas não forem tomadas. Sua tarefa é acabar com esse comportamento antes que ele se torne um hábito.

Quatro passos para acabar com as mordidas

Você pode usar os quatro passos a seguir para acabar com as mordidas e outros comportamentos agressivos.

Passo 1. Enfrente o mordedor imediatamente e estabeleça uma consequência

Intervenha assim que seu filho morder alguém. Para crianças que ainda não falam, dê nome ao comportamento para que elas aprendam a palavra: "Isso é morder!" E então, com a voz muito séria, diga: "Você não pode morder as pessoas!" Expresse sua desaprovação de modo firme, e rapidamente retire a criança da situação. Independentemente do que escutar de outros pais, *não* morda seu filho! Não ajuda e, na verdade, você vai transmitir a mensagem de que as crianças não podem morder, mas que os adultos podem.

Se seu filho desenvolveu um histórico de mordidas, você precisará tomar uma atitude de emergência. Marque uma reunião particular com seu filho e outras pessoas que cuidam dele (professores, babás, funcionários da escola), com quem ele tem demonstrado esse comportamento. Crie uma consequência que todos compreendam: pode ser a perda de um privilégio, um castigo ou ir para casa. Depois, tenha certeza de que a consequência combinada seja aplicada.

Passo 2. Console a vítima e aumente a empatia

As crianças precisam sempre saber que as mordidas dadas por elas machucam outras pessoas. Na presença de seu filho, volte sua preocupação para a vítima. "Sinto muito! Deve ter doído! O que posso fazer para ajudar?" Dessa maneira, você mostra à criança como demonstrar preocupação pelos outros. Se possível, encontre uma maneira de fazer com que seu filho se desculpe pela falha. Ele pode ajudar a lavar o local da mordida, oferecer um lenço ou um *band-aid*, fazer um desenho como forma de se desculpar, dizer que sente muito, oferecer um brinquedo. Além disso, peça desculpas aos pais da criança pessoalmente ou por meio de um telefonema.

Passo 3. Ensine um novo comportamento para substituir o ato de morder

Se os dentes de seu filho estiverem nascendo, ele provavelmente morde porque está com a gengiva dolorida. Nesse caso, ofereça algo apropriado para ele morder para aliviar o desconforto: talvez polpa de fruta congelada, um mordedor plástico congelado ou um brinquedo bom para morder.

As crianças costumam morder porque ainda não desenvolveram as habilidades verbais para comunicar suas necessidades e frustrações. Identifique qual habilidade seu filho não tem, e então ensine uma maneira mais adequada para que ele reaja, a fim de substituir o ato de morder. Pratiquem a nova habilidade juntos até ele conseguir usá-la sozinho. Uma criança mordia porque não sabia como dizer que queria fazer as coisas antes dos outros. Quando o pai reconheceu o problema, ensinou o filho a dizer: "É a sua vez, depois é a minha". O ato de morder logo cessou. Se seu filho tem dificuldades para verbalizar sentimentos ou necessidades, ensine-o a dizer: "Estou ficando irritado" ou "Quero brincar". Lembre-se de mostrar a ele como está orgulhoso do comportamento que ele demonstra quando está controlado.

Passo 4. Preveja as mordidas: a melhor prevenção

Se seu filho começou a morder, supervisione as brincadeiras dele de perto. Você pode intervir imediatamente e impedir esse comportamento antes que ele ocorra. Coloque as mãos com delicadeza sobre a boca da criança de modo firme, dizendo: "Você não pode morder. Use as palavras para dizer o que precisa". E dê o exemplo dizendo: "Quero brincar". Distraia uma criança que ainda não fala de uma situação ou ofereça uma alternativa: "Você quer brincar de massinha ou com os bloquinhos?" Talvez tenha de interrompê-la algumas vezes até que o comportamento cesse, por isso observe-a de perto e intervenha imediatamente se for preciso.

> **VOCÊ SABIA?**
>
> Comportamentos agressivos infantis estão se tornando cada vez mais comuns e têm aparecido em crianças cada vez mais novas. Mais uma razão pela qual precisamos reprimir comportamentos agressivos, como mordidas, socos e chutes, antes que eles se tornem hábitos enraizados em nossos filhos.

Plano de mudança de comportamento

Converse com outros pais para ver se eles estão tendo problemas parecidos de comportamento com seus filhos. Em caso afirmativo, como eles reagem quando os filhos mordem? Eles sentem que a reação deles acaba com o comportamento? Se as mordidas não forem um problema novo, converse com outras pessoas do mundo de seu filho: professores, funcionários da escola, babás, pais dos amigos. Eles estão vendo o mesmo comportamento? Se o ato de morder estiver acontecendo apenas fora de casa, o que há de diferente nesses outros ambientes? Seu filho pode estar aprendendo esse comportamento na escola, na vizinhança ou na creche? Seu filho está muito frustrado, se sentindo inseguro ou ansioso nesse ambiente? Há alguma mudança que você pode realizar no ambiente de seu filho para impedir esse comportamento?

Agora é a hora de entrar em ação para começar a mudar o comportamento de seu filho. Use o Diário de Mudanças para escrever suas ideias e para desenvolver seu plano:

1. Como você costuma reagir às mordidas de seu filho? Por que acredita que não está funcionando? Em seguida, leia os Passos

1 e 2 para conhecer maneiras mais eficazes de reagir. Planeje o que você fará da próxima vez em que a criança morder, para que esteja pronto para colocar o plano em prática.
2. Releia o Passo 3. Há algum comportamento que ele precisa aprender para substituir as mordidas? Em caso afirmativo, pense em como e quando você ensinará essa nova habilidade a ele.
3. Releia o Passo 4. Observe seu filho para saber se há algum padrão em seu comportamento. Analise o humor dele antes da mordida. Você acha que ele está entediado, frustrado, excitado, cansado, faminto, assustado, sobrecarregado ou algo assim? Logo que identificar o motivo pelo qual ele está mordendo, faça um plano para reduzir o que está provocando essa atitude. Por exemplo, se ele tem problemas em grupos grandes, experimente deixá-lo em um grupo menor até que desenvolva melhores habilidades para lidar com os sentimentos, ou tente limitar o número de crianças que você convida para ir a sua casa.
4. Registre a frequência com que seu filho morde para ter certeza de que o comportamento está menos frequente com o passar do tempo. Se você já usou as técnicas para acabar com esse comportamento agressivo e ele ainda persistir, procure ajuda de um profissional, principalmente se seu filho estiver em idade escolar.

➡ Ver também *Raiva*, *Controle*, *Agressão*, *Acessos de raiva*.

Compromisso de mudança

Como você vai usar os quatro passos e o Plano de Mudança de Comportamento para ajudar seu filho a alcançar uma mudança a longo prazo? Nas linhas a seguir, escreva exatamente o que você concorda em fazer dentro das próximas 24 horas para dar início à mudança de comportamento de seu filho.

_____
_____
_____

Resultados da mudança

Todas as mudanças de comportamento exigem trabalho árduo, prática constante e reforço dos pais. Cada passo que seu filho dá em direção à mudança pode ser pequeno, por isso tome o cuidado de reconhecer e parabenizar cada um deles. São necessários, no mínimo, 21 dias para que os resultados reais comecem a aparecer, por isso não desista cedo demais. Lembre-se de que, se uma estratégia não funcionar, outra funcionará. Anote o progresso semanal da criança nas linhas a seguir. Faça registros de seu progresso diário no Diário de Mudanças.

SEMANA 1

_____
_____
_____

SEMANA 2

_____
_____
_____

SEMANA 3

COMPORTAMENTO 4

Controle

Temos uma filha de 11 anos que passou a ser muito dominadora. Ela dita as regras a seus amigos e quer todas as coisas do seu jeito. Talvez ela se torne uma excelente chefe um dia, mas, se não controlar seu gênio, sua maneira "excessivamente assertiva", vai acabar sem amigos.

– Eileen, mãe de Manchester, New Hampshire

"Do meu jeito ou de jeito nenhum."
"É melhor você vir aqui agora mesmo."
"Ninguém vai usar este taco. Só eu."

DICA DE COMPORTAMENTO

O controle excessivo pode ser um sinal de insegurança, baixa autoestima, necessidade de aprovação, habilidades sociais ruins e outros problemas. Podemos ajudar nossos filhos a reconhecer esses problemas e a lidar com eles com comportamentos mais aceitáveis.

As crianças mandonas se colocam no comando. Estabelecem as regras, escolhem as atividades e decidem o plano de jogo. E raramente se importam em escutar as sugestões de seus pares. Apesar de suas habilidades ditatoriais serem as características de um líder, no momento elas são totalmente desvalorizadas por seus semelhantes. Não podemos mudar o espírito das crianças dominadoras, mas podemos ensinar-lhes comportamentos que as façam levar em consideração os sentimentos de seus colegas. Nesse processo, elas certamente melhorarão o "quociente de simpatia" e o sucesso social.

Três passos para diminuir o comportamento "mandão"

Use as seguintes medidas como guia para ajudar seu filho a diminuir os comportamentos excessivamente dominadores:

Passo 1. Espere o comportamento cooperativo

A pesquisa mostra que as crianças que demonstram comportamentos de cooperação – como dividir, esperar a sua vez, levar em consideração os pedidos dos semelhantes – geralmente fazem isso porque os pais claramente enfatizaram que esperam esses comportamentos. Por isso, seja cuidadoso para estabelecer as regras de divisão e de cooperação e explique todas elas a seu filho. Depois, espere que ele as utilize. Eis alguns exemplos de como os pais pedem menos controle e mais cooperação:

- *Explique que cada pessoa tem sua vez.* Se quiser que seus filhos saibam esperar por sua vez e compartilhar, deixe claras suas expectativas. Você pode dizer: "Cada um deve esperar por sua vez. Você primeiro, depois a Sofia e depois eu". Para dividir, diga: "Divida seu jogo para que o Ricardo tenha a chance de brincar. Ele não quer apenas observar, por isso troquem depois de alguns minutos".

- *Estabeleça uma regra de divisão.* Um pai passou a seguinte regra: "Se pertence a você e está à vista de todos, você precisa compartilhar".
- *Compartilhe apenas os seus pertences.* Enfatize que eles devem emprestar apenas itens que pertençam a eles; caso contrário, é preciso pedir permissão ao dono. Sem permissão, o objeto não pode ser dividido. "Sinto muito, não podemos brincar com isso. Pertence a meu irmão, por isso não se trata de algo que eu possa dividir."
- *Guarde objetos importantes.* Há certos objetos que são muito especiais para seu filho, por isso guardar esse objeto antes de um convidado chegar minimiza possíveis conflitos.

Passo 2. Ensine estratégias para ser mais cooperativo

As crianças controladoras querem que as coisas sejam como elas querem. Não param para pensar no que os outros podem querer. Aqui estão algumas estratégias para ajudar seu filho a aprender a levar em conta os desejos de seus amigos:

- *Decida na moeda.* Essa opção é ótima quando duas crianças não conseguem estabelecer regras, quem faz o que, ou quem começa primeiro.
- *Ensine que o convidado sempre começa primeiro.* Uma regra simples de cooperação é reforçar que os convidados sempre es-

colhem primeiro. Se seu filho for o anfitrião, ele deve pedir ao convidado que escolha o jogo ou a atividade.
- *Use a "regra da vovó"*. A regra é simples e funciona como um atrativo para tornar as coisas mais justas: "Se *você* cortar o bolo, a outra pessoa decide qual pedaço pegar". A regra pode ser aplicada a muitas coisas. Por exemplo, se você escolher a brincadeira, a outra pessoa tem o direito de começar; se você serviu a limonada, a outra pessoa pode escolher que copo quer.
- *Use um* timer. Ensine as crianças a chegar a um acordo sobre um tempo – geralmente apenas alguns minutos – para usar um objeto. *Timers* de fornos e ampulhetas são ótimos equipamentos para crianças pequenas usarem. As crianças mais velhas podem acompanhar os ponteiros do próprio relógio de pulso. Quando o tempo acabar, o objeto é passado adiante.

Passo 3. Acabe com o comportamento mandão

A maneira mais rápida de aumentar o comportamento bom é "flagrar" seu filho agindo corretamente, por isso analise as ações de seu filho e reforce seus esforços de cooperação. Sempre se lembre de descrever o que ele fez para que suas chances de repetir o comportamento sejam maiores: "Percebi como você dividiu os brinquedos para que ambos ficassem com a mesma quantidade" ou "Escutei você perguntar ao Pedro do que ele queria brincar". O reforço aos poucos ajudará a diminuir o comportamento mandão, substituindo-o com atitudes mais cooperativas. Se seu filho continuar a demonstrar comportamento mandão, pense em aplicar uma consequência adequada. Veja as páginas 341-344.

Plano de mudança de comportamento

Comece pensando em sua personalidade. Por exemplo, você é uma pessoa fácil de lidar, dominadora, independente, chata, divertida ou do tipo que assume as rédeas das coisas? E seu parceiro? E seus outros filhos? Até que ponto o comportamento mandão de seu filho é resultado da imitação que ele faz de você ou por causa de questões pertinentes e não expostas? (Veja a Dica de Comportamento na página 67). Faça duas colunas em uma folha de papel: uma para o que você acredita que pode estar transmitindo e outra para possíveis problemas emocionais ou sociais que seu filho pode estar tendo (como baixa autoestima, raiva, poucos amigos ou habilidades sociais ruins). Confira as maiores prioridades para tomar atitudes imediatas. Crie um plano consultando outros comportamentos neste livro e os recursos de cada seção.

> **VOCÊ SABIA?**
> O Centro Nacional para o Progresso Clínico da Criança diz que as habilidades sociais e emocionais das crianças são melhores indicadores de sucesso escolar do que a quantidade de informações que ela sabe ou a idade em que aprende a ler. Mais importante é saber que tipo de comportamento é esperado, como controlar ataques impulsivos, esperar e revezar, pedir ajuda aos professores, seguir orientações e expressar necessidades, ao mesmo tempo em que se relaciona bem com outras crianças. Seu filho precisa de ajuda para aprender essas coisas?

Agora está na hora de entrar em ação para começar a mudar o comportamento de seu filho. Use seu Diário de Mudanças para escrever o que pensa e desenvolver seu plano:

1. Que comportamentos mandões seu filho demonstra e quais o irritam? Por quê? O que você pode fazer para impedir um comportamento desagradável? Estabeleça um plano.
2. Pense nos aspectos positivos de ser mandão. Apesar de você possivelmente estar vendo apenas os aspectos negativos, as partes irritantes dessa característica, como uma personalidade dominadora pode ajudar seu filho na vida?
3. Como você costuma reagir a esse traço dominador? Como seu filho reage à sua reação? Por que sua reação não foi eficiente para mudar o comportamento de seu filho? Pensar sobre como reagir de modo diferente pode produzir resultados mais favoráveis.
4. Seu filho tem noção de quando age de modo controlador? Se não tiver, crie um sinal discreto (puxar a orelha ou tocar o nariz) que apenas você e seu filho conheçam. Sempre que ele demonstrar esse comportamento, use o código para mostrar a ele que o comportamento é inadequado.
5. Seu filho compreende por que sua atitude mandona não é bem-vista pelas pessoas? Pense em como pode explicar isso de modo que ele fique mais disposto a controlar seu jeito mandão. Deixe claros os principais pontos que essa discussão pode englobar.
6. Reveja os três passos e escolha uma ou duas estratégias para ensinar a seu filho. Planeje praticar a estratégia em casa diversas vezes até ele se sentir à vontade, usando-a com os amigos.

➡ Ver também *Raiva, Ansiedade, Falta de amigos, Falta de educação, Egoísmo.*

Compromisso de mudança

Como você vai usar os três passos e o Plano de Mudança de Comportamento para ajudar seu filho a alcançar uma mudança a longo prazo? Nas linhas a seguir, escreva exatamente o que você concorda em fazer dentro das próximas 24 horas para começar a mudança de comportamento de seu filho.

_____

_____

_____

Resultados da mudança

Todas as mudanças de comportamento exigem trabalho árduo, prática constante e reforço dos pais. Cada passo que seu filho dá em direção à mudança pode ser pequeno, por isso tome o cuidado de reconhecer e de parabenizar cada um deles. São necessários, no mínimo, 21 dias para que os resultados reais comecem a aparecer, por isso não desista cedo demais. Lembre-se de que, se uma estratégia não funcionar, outra funcionará. Anote o progresso semanal da criança nas linhas a seguir. Faça registros de seu progresso diário no Diário de Mudanças.

SEMANA 1

_____

_____

_____

SEMANA 2

SEMANA 3

COMPORTAMENTO 5

Vítima de *bullying*

Um menino da escola está aterrorizando meu filho de 9 anos— essa é a única maneira de descrever o que está acontecendo. Ele já quebrou os óculos dele, ameaça machucá-lo, faz com que ele tropece no refeitório e o chama de nomes horrorosos. Meu filho implora para não ter de ir à escola e pede para que eu não conte nada para a professora, e acredito que ela não sabe de nada. Ele diz que, se eu me intrometer, as coisas ficarão piores, e estou começando a acreditar nele. Estou com o coração em pedaços. O que fazer?

— Jenny, mãe solteira de Tampa, Flórida

"Uma criança de 10 anos no acampamento torna a vida de meu filho um inferno."

DICA DE COMPORTAMENTO

A melhor maneira de proteger seu filho é ajudando-o a desenvolver uma força interior e habilidades assertivas muito fortes, de modo que ele tenha menos chances de se tornar vítima e seja capaz de se defender.

"Minha filha está com tanto medo de um aluno da quarta série, de nossa vizinhança, que está implorando para que nos mudemos."

"Meu filho não aguenta mais. Vou matriculá-lo em outra escola."

Um de nossos maiores sonhos, como pais, é o de que nossos filhos se deem bem uns com os outros. O grande aumento de casos de *bullying* tem transformado muitos de nossos sonhos em pesadelos: muitas crianças hoje em dia são perseguidas verbal, emocional, sexual ou fisicamente pelas atitudes não intencionais de outras crianças. E os dados mostram que a perseguição não está apenas aumentando, mas é muito mais grave. Apesar de não conseguirmos impedir a dor que essas experiências podem causar, podemos diminuir as chances de nossos filhos se tornarem vítimas. Estudos mostram que a melhor maneira de fazer isso é fortalecendo nossos filhos com estratégias para lidar com a perseguição.

Quatro passos para lidar com o *bullying*

Use as seguintes medidas como guia para ajudar seu filho a lidar com quem o persegue:

Passo 1. Escute com atenção e reúna fatos

O primeiro passo costuma ser o mais difícil para os pais: escutar o que seu filho tem a dizer sem interrompê-lo. Seu objetivo é tentar entender o que aconteceu, onde e quando a perseguição ocorreu, saber a frequência com que isso está acontecendo, quem estava envolvido, se alguém ajudou e por que seu filho está sendo alvo de perseguições. Além disso, descubra *como* seu filho reagiu à perseguição. Esses fatores ajudarão você a encontrar a melhor maneira de ajudar seu filho a lidar com esse tormento. Mantenha registro desses incidentes no caso de precisar conversar com a diretoria da escola, com os pais da criança que persegue seu filho ou com autoridades.

Compreenda seu filho e leve as reclamações dele a sério. Assegure-o de que ele não fez nada que provocasse o incidente e que você o ajudará a encontrar meios de se sentir seguro. Por favor, não culpe nem diminua os sentimentos dele dizendo "Não precisa ter medo" ou "Seja forte". O *bullying* é assustador e humilhante. Se você suspeita de que seu filho esteja sendo perseguido e não está lhe contando, incluí alguns sinais para que você perceba isso. Marque aqueles que se aplicam a seu filho:

Sinais de alerta de uma criança que está sofrendo bullying:

_____ Hematomas ou arranhões sem explicação, roupas rasgadas.

_____ Perda inexplicada de brinquedos, material escolar, roupas, lanche ou dinheiro.

_____ Não querer ir para a escola; querer a presença dos pais na hora da saída.

_____ Tornar-se retraída, evasiva ou demonstrar comportamento fora do comum repentinamente.

_____ Dores de cabeça, de estômago ou ansiedade.

_____ Dificuldades de dormir, pesadelos, xixi na cama ou muito cansaço.

_____ Começar a perseguir os irmãos ou crianças menores.

_____ Estar morrendo de fome ao chegar em casa (o dinheiro do almoço ou do lanche foi roubado).

_____ Medo de ficar sozinha ou apego repentino.

Converse com seu filho se você suspeitar de que ele tem um problema: ele pode estar com vergonha de lhe contar. Depois, decida se você deve informar os diretores da escola a respeito de suas preocupações. Não prometa a seu filho que vai guardar segredo: talvez você tenha de intervir para manter a segurança dele.

Passo 2. Estabeleça um plano para garantir a segurança

Com base nos fatos que reuniu, planeje como reduzir as chances de seu filho se ferir. Aqui estão algumas opções que você pode compartilhar com seu filho dependendo da situação:

- *Fique perto de outras pessoas.* O *bullying* costuma ocorrer em momentos em que não há supervisão, por isso peça a seu filho que fique perto de outras pessoas na hora do almoço, do recreio, nos corredores ou em outras áreas abertas. Quanto mais gente, melhor.
- *Saia da situação.* Uma estratégia de segurança costuma ser apenas sair de perto. Não diga nada à pessoa que o está perseguindo, nem olhe para ela. Procure se aproximar de um adulto, de outras pessoas e de crianças mais velhas.
- *Planeje rotas alternativas.* Veja quando e onde a perseguição ocorre com mais frequência e encontre meios de se manter mais seguro. Se estiver dentro de um ônibus, procure outro meio de transporte. Se estiver no parque, afaste-se.

- *Não revide.* Aconselhe seu filho a *não* revidar; isso apenas aumentará a chance de ele se ferir. Muitas crianças saem de casa armadas, por isso revide *apenas* em último caso.
- *Use o bom senso.* Ensine seu filho a melhor regra de segurança: *sempre* aja de acordo com sua intuição. Se sentir que pode estar correndo risco, afaste-se na hora. Solte sua mochila e corra.
- *Conte a um adulto.* Pense em alguém em quem possa confiar: uma pessoa que vai levá-lo a sério, que vai lidar com o agressor, proteger seu filho e, se preciso, manter a identidade dele em segredo.

Passo 3. Ensine e depois ensaie a assertividade

Dizer a seu filho "Peça a ele que pare" não adianta. Quem persegue raramente vai embora. Por isso, ofereça maneiras de lidar com a pessoa que causa o *bullying* se for preciso, mas é melhor evitar um confronto. Depois, ajude seu filho a praticar qualquer uma das dicas a seguir que possa ajudar na situação:

- *Mantenha-se calmo e* não *reaja*. Os perseguidores adoram o poder e sabem que podem provocar outras crianças. Por isso, *não* permita que percebam que você está incomodado. Finja que está usando um colete à prova de *bullying* para se proteger, e não demonstre medo.
- *Não faça cara de vítima.* As crianças que adotam uma postura assertiva têm menos chance de serem provocadas. Mantenha-se firme e com a cabeça erguida, para parecer mais confiável e menos vulnerável.
- *Diga não com firmeza.* Quando conversar com alguém que faz o *bullying*, mantenha a voz firme (nunca fale de modo te-

meroso). Diga não às exigências da pessoa, ou diga que não gosta do que ela está fazendo e que não pretende tolerar nada disso. Continue dizendo isso até se aproximar de um adulto que possa ajudá-lo.
- *Mantenha o olhar sério*. Pratique um olhar sério e firme, que mostre que você está no controle e que não se incomoda.
- *Ensine-o a retrucar*. A maioria dos atos de *bullying* é verbal: xingamentos, insultos, comentários preconceituosos. Ajude seu filho a se defender do *bullying* verbal *antes* que se transforme em agressão física.

Vítima de provocações (pp. 304-310) e Influência negativa dos amigos (pp. 209-215) oferecem estratégias para combater o *bullying* verbal. Ensine algumas a seu filho e depois pratique até que ele se sinta confortável usando-as sozinho.

Passo 4. Aumente a autoconfiança

Uma pesquisa realizada por Kaoru Yamamoto, psicóloga da Universidade de Colorado, mostrou que, depois de perder a segurança da família, a maior preocupação da criança é se sentir diminuída diante de seus colegas. Ser perseguido reduz drasticamente a autoestima de seu filho, por isso encontre maneiras de aumentar a autoconfiança dele. Aqui estão algumas possibilidades:

- *Aprender artes marciais*. Algumas crianças descobrem que aprender artes marciais, boxe ou levantar peso melhora a autoconfiança. Talvez isso ajude o seu filho.
- *Melhorar as habilidades sociais*. Procure melhorar as habilidades sociais de seu filho, ensinando-lhe algumas novas, e en-

tão o coloque em uma escola onde ele possa praticá-las. Ver Falta de amigos (pp. 177-184).
- *Encontrar um amigo.* Ajude seu filho a encontrar pelo menos um amigo. Ver Falta de amigos (pp. 177-184).
- *Desenvolver um talento.* Encontre algo – como um passatempo, um interesse, esporte ou talento – de que seu filho goste e no qual seja bom. Depois, ajude-o a desenvolver a habilidade de modo que sua autoestima melhore.

VOCÊ SABIA?

O *bullying* pode causar problemas emocionais de longo prazo. Uma pesquisa realizada pela Associação Americana de Estudos sobre o Suicídio descobriu uma tendência assustadora: mais de 20% dos alunos do ensino médio entrevistados disseram ter pensado seriamente em cometer suicídio nos doze meses anteriores. *Bullying*, provocações e rejeição por parte dos amigos foram os principais motivos que os levaram a pensar em suicídio.

Plano de mudança de comportamento

Primeiramente, analise seu comportamento. Você se comporta como vítima ou se defende? O comportamento de vítima é aprendido. Existe algum que você gostaria de mudar para dar um exemplo melhor a seu filho? Se há, o que você se compromete a fazer? Escreva seu plano.

Em seguida, converse com outros pais a respeito de como o *bullying* prevalece em sua comunidade e escola. Descubra se os filhos deles estão sofrendo *bullying*, quem são os causadores, onde isso está ocorrendo e o que eles estão fazendo para ajudar os filhos. Se o *bullying* é um problema na escola de seu filho, pense em criar um grupo de pais para discutir as preocupações com a administração e com os professores.

Agora está na hora de tomar uma atitude para começar a mudar o comportamento de seu filho. Use seu Diário de Mudanças para escrever o que pensa e para desenvolver seu plano:

1. Releia o Passo 1. Escute com atenção a história de seu filho ou, se suspeitar de que seu filho está sofrendo *bullying*, pergunte. Procure encontrar um padrão para o *bullying*. Por exemplo, ele costuma acontecer na mesma hora ou local? Relacione o que descobrir.
2. Reveja suas anotações do Passo 1 e, então, releia o Passo 2. Há pelo menos uma coisa que você pode fazer para manter seu filho em segurança? Desenvolva um plano.
3. Releia o Passo 3. Releia também Vítima de provocações (pp. 304-310) e Influência negativa dos amigos (pp. 209-215). Como você pode ajudar seu filho a ser mais assertivo? Você o incentiva a ser mais assertivo e independente ou a ser dependente? Faça um plano de como ajudar seu filho a aprender a se defender. Não se esqueça de treinar a estratégia.
4. Reveja o Passo 4. Como seu filho reage a quem o persegue? Talvez ele não consiga lhe dar a resposta, por isso tente observar suas interações sociais de modo mais próximo. Existe algo que ele faz que pode aumentar as chances de ele ser uma vítima? E os comportamentos que podem irritar quem causa a perseguição? Relacione suas ideias e, então, desenvolva um plano para eliminar esses comportamentos e melhorar a assertividade de seu filho.

5. Releia o Passo 4 e pense na autoestima de seu filho. O que você poderia fazer para melhorar a confiança dele? Faça um plano.

Às vezes, não deveríamos colocar toda a responsabilidade em uma criança para interromper o *bullying*. É aí que a intervenção de um adulto pode ser o *único* caminho para lidar com a situação. Use sua intuição para que seu filho não se machuque. Se houver qualquer possibilidade de seu filho se ferir, interfira.

➡ Ver também *Ansiedade, Influência negativa dos amigos, Falta de amigos, Timidez, Vítima de provocações*.

Compromisso de mudança

Como você usará os três passos e o Plano de Mudança de Comportamento para ajudar seu filho a realizar uma mudança de longo prazo? Nas linhas a seguir, escreva exatamente o que você concorda em fazer dentro das próximas 24 horas para dar início à transformação de comportamento de seu filho.

_____
_____
_____

Resultados da mudança

Todas as mudanças de comportamento exigem trabalho árduo, prática constante e reforço dos pais. Cada passo que seu filho dá em direção à mudança pode ser pequeno, por isso tome o cuidado de reconhecer e parabenizar cada um deles. São necessários, no mínimo, 21 dias para que os resultados reais comecem a aparecer, por isso não desista cedo demais. Lembre-se de que, se uma estratégia não funcionar, outra funcionará. Anote o progresso semanal da criança nas linhas a seguir. Faça registros de seu progresso diário no Diário de Mudanças.

SEMANA 1
_____
_____
_____

SEMANA 2
_____
_____
_____

SEMANA 3
_____
_____
_____

COMPORTAMENTO 6

Autor de *bullying*

A professora de meu filho disse que Scott tem perseguido outras crianças. Alguns pais reclamaram que ele ameaçou seus filhos e os ofendeu, tenho receio de que isso se repita. Ele também roubou o lanche deles e rasgou seus trabalhos. Parece que ele tem atormentado todos de tal forma que eles não querem mais ir para a escola. Eu me sinto péssima; a professora do ano passado me contou histórias parecidas, e eu não acreditei nela. Não sei o que fazer. Infelizmente, o pai de Scott considera isso um comportamento de "machão". Por favor, me ajudem!
 – Jerri, mãe de dois filhos, Vancouver, Colúmbia Britânica, Canadá

"Por que devo me importar com os sentimentos dele? Ele é tão bobo."

DICA DE COMPORTAMENTO

Só existe um segredo para combater *o bullying: esse comportamento não deve ser tolerado em hipótese alguma. O bullying* é aprendido; assim, pode ser desaprendido. Não espere!

"Ele é um idiota: mereceu!"
"Bati nele, e daí? Ninguém gosta dele mesmo."

O *bullying* aumentou drasticamente na última década. Um estudo recente mostrou que 80% dos alunos do ensino médio perseguiram um colega de sala nos últimos trinta dias. Fique atento, porque apenas 15% das crianças que causam o *bullying* se encaixam no estereótipo de alguém que machuca outras pessoas, mas muitos pais não suspeitam de que seu filho tenha esse comportamento. Outras coisas sim, com certeza: aquelas que perseguem também provocando maliciosamente, ameaçando, xingando, batendo, espalhando fofocas, realizando assédio sexual ou intimidando as vítimas fazem tudo isso *sempre* de modo intencional. Os perseguidores podem ser do sexo masculino ou feminino, viver em áreas urbanas ou rurais, podem ser ricos ou pobres, populares ou não ter amigos. A única coisa que têm em comum é a grande capacidade de acabar com a autoestima de suas vítimas. Também existe outra vítima que costuma ser ignorada quando levamos em conta o prejuízo a longo prazo: o causador do *bullying*. Se esse comportamento não for interrompido, essas crianças podem se tornar adultos que impõem castigos a seus filhos, parceiros, colegas e vizinhos. Dessa maneira, passam a afastar entes queridos, amigos e colegas de trabalho com os quais se importam, além de castigar a si mesmos com isolamento, ausência de privilégios, oportunidades perdidas e ganhando o descaso de outras pessoas de seu grupo. Além disso, um em cada quatro casos termina com registros criminais.

Quatro passos para acabar com o *bullying*

Use os passos a seguir como guia para eliminar esse tipo de comportamento de seu filho:

Passo 1. Reconheça que a criança pratica o *bullying*

O primeiro e mais importante passo para eliminar o comportamento de *bullying* é admitir que seu filho tem problemas. Dados mostram que esse comportamento não desaparece sozinho: você precisa intervir. Eis uma lista de sinais de alerta de crianças que são agressoras. Marque aqueles que se aplicam a seu filho.

Sinais de alerta de que seu filho pode ser um agressor:

_____ Adota comportamento agressivo: grita, bate, chuta, diz palavrões.

_____ É impulsivo: frustra-se com rapidez e reage da mesma forma; pode quebrar coisas quando se sente frustrado.

_____ Acredita que a agressão é uma maneira aceitável de resolver os problemas.

_____ Tem necessidade de dominar ou controlar outras pessoas.

_____ Humilha outras pessoas ou ri delas e não vê nada de errado nisso.

_____ É cruel com animais de estimação e com crianças; costuma ser desleixado com brinquedos e objetos.

_____ Não tem empatia: é insensível em relação aos sentimentos e às preocupações das outras pessoas.

_____ Não assume responsabilidade por atitudes; demonstra pouco remorso; põe a culpa nos outros.

_____ Provoca ou irrita outras pessoas de propósito.

_____ É egoísta: preocupa-se apenas com o próprio prazer, não com o de outras pessoas.

_____ Os amigos que passam um tempo com ele não costumam voltar nem telefonar de novo.

Passo 2. Estabeleça uma atitude de tolerância zero em relação ao *bullying* e utilize consequências se o comportamento continuar

Seu filho deve aprender que o *bullying* é totalmente inaceitável, e é você quem precisa ensinar isso. É um momento para uma conversa séria. Comece explicando com firmeza que você desaprova esse comportamento. Não permita que ele nunca seja punido por suas atitudes cruéis, que culpe outras pessoas ou que considere tais atitudes engraçadas. Se ele disser "Não foi nada de mais", responda: "Foi *de mais* para a pessoa. Você causou muito sofrimento. Nunca mais trate alguém dessa maneira". Depois, diga a ele que quando você o vir ou ouvir agindo dessa maneira de novo, terá consequências. Há uma lista nas páginas 341-342; depois de selecionar uma, informe-a a seu filho. Diga a ele que você também ficará em contato (diário, se preciso) com todas as pessoas que lhe dispensam cuidados – parentes, professores, babás, funcionários da creche – a fim de poder controlar o comportamento dele. Não se esqueça de pedir a essas pessoas que o informem sobre qualquer comportamento de perseguição. Todos devem estar preparados e prontos para reforçar a consequência estipulada se quiser acabar com esse comportamento. *Seja vigilante, não desista!*

**Passo 3. Promova a empatia
e a preocupação pelos outros**

Uma maneira importante de pôr fim a um comportamento é alimentando a empatia. Pense bem: se você puder se sentir como suas vítimas se sentem, tratá-las com crueldade será impensável. A empatia pode ser ensinada; isso quer dizer que você pode aumentar a consciência de seu filho em relação aos outros. Aqui estão algumas maneiras:

- *Troque de papéis.* Os agressores precisam perceber que suas atitudes machucam, por isso peça a ele que se coloque no lugar da vítima: "Imagine se você fosse o menino. Diga-me o que acha que ele está pensando. Como *ele* se sente?"
- *Adote um novo ponto de vista.* Encontre maneiras para que seu filho tenha opiniões diferentes: visite ou, melhor ainda, seja voluntário em uma casa para desabrigados, uma ala pediátrica, um centro de ajuda a cegos, uma casa de repouso, um centro de recuperação de delinquentes ou um grupo que serve refeições a moradores de rua. Quanto mais seu filho entrar em contato com pontos de vista diferentes, maior será a chance de ele demonstrar preocupação com os sentimentos dos outros.
- *Exija reparações.* Estudos mostram que os pais que chamam atenção aos danos causados pelo filho e que incentivam as reparações aumentam a preocupação da criança pelas outras pessoas. Peça a seu filho que faça algo para melhorar a dor emocional da vítima e que tome atitudes para corrigir o comportamento. Por exemplo, pedir desculpas de modo sincero, restaurar ou substituir objetos quebrados, pagar quando causar prejuízos financeiros, pedir aos outros que sejam seus amigos.

Passo 4. Dê o exemplo do autocontrole e do gerenciamento de conflitos

Dados mostram que as pessoas que causam o *bullying* acreditam que esta é uma maneira aceitável de resolver conflitos e costumam não demonstrar muito remorso pelo comportamento cruel. Depende de você fazer com que seu filho perceba que essa ideia está errada e mostrar a ele alternativas apropriadas para remediar problemas de modo pacífico. Eis algumas possibilidades:

- *Ensine-o a manter o autocontrole*. Aqueles que praticam o *bullying* costumam ser impulsivos e agressivos, por isso ensine a seu filho maneiras adequadas de controlar seus impulsos e sua raiva (ver também Raiva, páginas 43-51; e Impulsividade, páginas 161-168). Elogie-o quando demonstrar quaisquer tentativas de controlar seus comportamentos agressivos e quando agir de modo sensato.
- *Controle o que seu filho assiste*. Esteja ciente dos programas violentos que são transmitidos, além de músicas e jogos de *videogames*. Deixe claro o que você permitirá que ele assista e mantenha essa imposição.
- *Expresse desaprovação pela violência*. Sempre que vir ou tomar conhecimento de atitudes cruéis transmitidas na TV, em filmes, telejornais, letras de músicas, no *videogame* e também na vida real, mostre sua desaprovação com palavras firmes e diga por quais motivos pensa dessa forma, para que ele possa aprender novos conceitos.
- *Observe se seu filho sofre influência negativa dos colegas*. Afaste-o de amigos muito agressivos.
- *Ensine a ele habilidades de resolução de conflitos*. Os estudos mostram que aqueles que praticam o *bullying* costumam re-

solver os problemas de modo agressivo porque não conhecem outras opções. Brigas (páginas 125-132) e Agressão (páginas 139-146) oferecem maneiras de resolver conflitos; ensine-as a seu filho. Além disso, dê o exemplo de soluções pacíficas. Se seu filho vir você usando o diálogo no lugar da força para conseguir o que quer, ele se sentirá mais propenso a fazer a mesma coisa.

Plano de mudança de comportamento

O *bullying* é um comportamento que se aprende, por isso comece refletindo seriamente para saber se seu filho pode estar aprendendo a ser agressivo. Analise a atmosfera em sua casa. Você e seu parceiro brigam na frente das crianças? Vocês brigam emocionalmente? Fisicamente? Seu filho já viu vocês batendo nos móveis, empurrando ou batendo um no outro? Os comportamentos agressivos de seu filho são ignorados? O *bullying* é tido como uma característica positiva, como assertiva ou "de macho", em vez de inaceitável e cruel? Imagens violentas da televisão, de jogos de *videogames*, de letras de músicas e da Internet são permitidas em sua casa? Agora pense nas influências externas. Os amigos de seu filho são excessivamente agressivos? Se você deseja mudar o comportamento de seu filho, também precisa alterar os fatores que mostram a ele que o *bullying* é aceitável. O que você pode mudar em relação àquilo que tem controle? Faça seu plano e entre em ação.

Agora é hora de agir para consertar o comportamento de seu filho. Use o Diário de Mudanças para escrever suas ideias e para desenvolver seu plano.

> **VOCÊ SABIA?**
>
> Quem pratica o *bullying* sempre tem problemas no futuro. Leonard Eron, psicólogo da Universidade de Michigan, estudou mais de oitocentos meninos de 8 anos ao longo de quatro décadas. Primeiramente identificou os 25% que demonstraram comportamentos de *bullying*. Até os 30 anos, uma a cada quatro daquelas crianças já havia sido presa. Eron também descobriu que até as crianças agressivas sem fichas criminais tinham dificuldades. Apesar de serem tão espertas quanto as outras, tinham menor desempenho educacional, ocupacional e pessoal. Os estudos também demonstram que as crianças que praticam o *bullying* no ensino fundamental têm mais chances de adotar comportamentos sexual e fisicamente agressivos na adolescência, cometer violência nos primeiros relacionamentos amorosos, entrar para gangues e se tornarem delinquentes juvenis. A hora de pôr fim ao *bullying* é agora. Ele *não* costuma ser um comportamento que as crianças superam quando crescem.

1. Reveja o Passo 1 e analise seu filho com atenção. Por que ele sente necessidade de perseguir outras crianças? Ele tem amigos? (ver Falta de amigos, páginas 177-184). Sente necessidade de controlar os outros? (ver Controle, páginas 67-74 É cruel? (ver Crueldade, páginas 200-208). Descubra o que está por trás da necessidade de seu filho de perseguir e dê um jeito nisso. Escreva ideias e depois elabore um plano.
2. Reveja o Passo 2 de modo que possa estabelecer uma consequência clara se o *bullying* continuar. Veja uma lista de consequências nas páginas 341-342 e planeje o que fará com seu filho. Além disso, estabeleça horários para entrar em contato com todas as pessoas que cuidam dele: parentes, professores, funcionários da creche, entre outros. Pense bem sobre como

vai monitorar o comportamento diário de seu filho (se preciso) quando não estiver presente. Por exemplo, a professora poderia enviar um bilhete que descrevesse brevemente qualquer problema com *bullying*? O que mais?
3. Reveja o Passo 3. Escreva como vai aumentar a empatia e quando vai dar início a seu plano.
4. Reveja o Passo 4. Trace um plano a longo prazo de como vai ajudar seu filho a aprender alternativas aceitáveis para a agressão.
5. O *bullying* é um comportamento que precisa ser monitorado de perto. Se você não perceber mudanças positivas no comportamento de seu filho durante as próximas semanas, procure ajuda profissional. Podem existir muitas razões psicológicas obscuras que precisam ser tratadas por meio da terapia ou outras formas de intervenção. Lembre-se: *não desista*.

➡ Ver também *Raiva, Brigas, Agressão, Impulsividade, Crueldade, Egoísmo*.

Compromisso de mudança

Como você usará os quatro passos e o Plano de Mudança de Comportamento para ajudar seu filho a realizar uma mudança de longo prazo? Nas linhas a seguir, escreva exatamente o que você concorda em fazer dentro das próximas 24 horas para dar início à mudança de comportamento de seu filho.

_____
_____
_____

Resultados da mudança

Todas as mudanças de comportamento exigem trabalho árduo, prática constante e reforço dos pais. Cada passo que seu filho dá em direção à mudança pode ser pequeno, por isso tome o cuidado de reconhecer e parabenizar cada um deles. São necessários, no mínimo, 21 dias para que os resultados reais comecem a aparecer, por isso não desista cedo demais. Lembre-se de que, se uma estratégia não funcionar, outra funcionará. Anote o progresso semanal da criança nas linhas a seguir. Faça registros de seu progresso diário no Diário de Mudanças.

SEMANA 1
_____
_____
_____

SEMANA 2
_____
_____

SEMANA 3
_____
_____
_____

COMPORTAMENTO 7

Recusa a ajudar nas tarefas domésticas

Não aguento mais as reclamações constantes de meus filhos de 8 e 10 anos por causa das tarefas domésticas. Tudo chegou a um ponto em que é mais fácil para mim levar o lixo para fora e arrumar a cama deles do que ter de enfrentar as brigas diárias. Sei que outros pais exigem que as tarefas sejam feitas, então qual seria o segredo deles?

— Joslyn, mãe de dois filhos, Tarrytown, Nova York

"Agora não, mãe."
"Talvez mais tarde."
"Minha mesada não cobre isso."

DICA DE COMPORTAMENTO

Quanto mais cedo você esperar que seu filho participe ativamente das tarefas domésticas, mais fácil será fazer com que ele coopere.

Como as coisas mudaram! Cinco décadas atrás, quase todas as famílias podiam contar com os filhos para que eles os ajudassem em casa, sem esperar qualquer pagamento por isso. Uma pesquisa recente da *TIME/CNN* mostrou que 75% das pessoas entrevistadas disseram que as crianças de hoje realizam menos tarefas do que elas realizavam quando eram jovens. Não há como negar que as famílias de hoje são diferentes: a maioria dos pais e dos filhos tem muito o que fazer, estão estressados, e as prioridades domésticas mudaram drasticamente. Mas a verdade é que os serviços domésticos *ajudam* as crianças a desenvolver responsabilidade, cooperação e uma ética de trabalho antiga. Estudos também mostram que fazer serviços domésticos aumenta a possibilidade de as crianças se tornarem membros colaboradores da família e que gostem de ajudar em casa.

Quatro passos para minimizar as brigas na hora das tarefas domésticas

Os passos a seguir guiarão você na hora de evitar as brigas por causa de tarefas domésticas:

Passo 1. Especifique as tarefas e delegue responsabilidades

O primeiro passo para pôr fim às brigas familiares em virtude das tarefas domésticas é identificar as tarefas que você quer atribuir. Uma das melhores maneiras de fazer isso é reunindo todos os membros da família para que todos pensem juntos em todas as maneiras de ajudar. Obrigações específicas, como o número de tarefas realizadas por cada criança, como elas são passadas, quando devem ser realizadas e por quanto tempo cada um fica responsável por determinado trabalho – por um dia, uma semana ou um mês – são coisas que a família pode negociar. Alguns especialistas dizem que devem ser atribuídas três tarefas diárias por filho (por exemplo, arrumar a cama, colocar os pratos dentro do lava-louças e guardar os brinquedos) e uma tarefa semanal (como regar as plantas, separar e dobrar as roupas, guardar as revistas, tirar o pó). Outra possibilidade é cada criança escolher uma tarefa de que goste e outra de que não goste, ou atribuir uma tarefa mais fácil por criança (esvaziar a lata de lixo) e uma mais difícil (tirar a mesa depois do jantar uma noite por semana). Relacionar as tarefas aos interesses naturais de seu filho também ajuda a acabar com conflitos. Se seu filho adora ficar ao ar livre, boas opções são retirar as ervas daninhas do jardim, regar e passar o rastelo na terra para retirar as folhas caídas. Até mesmo as crianças de 3 anos podem ajudar nas tarefas, recolhendo brinquedos ou alimentando os animais de estimação.

Ajuste as tarefas domésticas para os filhos menores, tomando cuidado para que eles não se sintam muito sobrecarregados. O mais complicado é distribuir as tarefas de modo que as crianças pequenas e também os membros mais velhos da família recebam responsabilidades que estejam relacionadas a suas habilidades, para que todo mundo contribua de modo justo. Depois disso, deixe claro para que todos saibam o que e quando fazer.

Passo 2. Ensine a fazer a tarefa, depois espere que ela seja completada

Este passo deve ser o mais importante. Passe cada tarefa, passo a passo, pelo menos uma vez de modo que seu filho saiba claramente como fazer, ou peça a um filho mais velho que ensine a um menor. Depois, observe as crianças realizando a tarefa para ter a certeza de que são capazes. Também é uma boa ideia pedir para que a criança o chame para ver o trabalho feito, para que você veja se tudo está certo. Nesse momento, é possível corrigir os erros. Se depois de explicar, você perceber que ela continua com dificuldades para realizar as tarefas, pense bem e veja se suas expectativas são realistas. Se não forem, divida a tarefa em partes menores de modo que seu filho tenha sucesso.

Quando você tiver certeza de que a criança é capaz de realizar a tarefa, peça a ela que a faça sozinha. *De modo nenhum execute uma tarefa que seu filho seja capaz de realizar.* Ele nunca vai aprender a ser responsável se você terminar a tarefa para ele. Reconheça um trabalho bem-feito.

Passo 3. Estabeleça prazos para que a tarefa seja cumprida, além de consequências caso não seja realizada

Como em qualquer outro trabalho, as tarefas devem ter tempo específico de realização. Esteja atento para que seu filho saiba quais são suas expectativas e seja constante na cobrança. A maioria das crianças, principalmente as mais novas, precisa de lembretes. Quadros com palavras ou imagens que relacionam tarefas e datas de realização ajudam muito. Até mesmo as crianças que ainda não são alfabetizadas conseguem "ler" o quadro de tarefas se este tiver fotos do que é preciso fazer. As crianças podem, então, riscar as tarefas conforme forem sendo realizadas. É claro que em algumas ocasiões – como no dia do aniversário, quando o filho estiver doente, tiver um campeonato esportivo ou uma prova – precisa haver flexibilidade. Caso contrário, seja constante com a agenda. A inconstância diminui a importância das tarefas na mente das crianças e pode diminuir a motivação delas para realizá-las.

Passo 4. Estabeleça uma consequência para tarefas não realizadas

Se a obrigação não for cumprida, é preciso haver consequências. As mais eficazes (que mudam o comportamento dos filhos) são aquelas relacionadas à tarefa. Por exemplo, se seu filho não coloca a roupa suja no cesto, ele não terá peças limpas e vai precisar esperar até a próxima vez em que você for lavar roupas. Se ele recebe dinheiro pelas tarefas, não pague. Certa família tinha um "jarro das tarefas" repleto de tiras de papel com tarefas extras para quando os filhos não faziam os serviços domésticos que tinham de realizar. Aqueles que não obedecessem tinham de pegar um papel do jarro e realizar a tarefa do papel antes de poder se divertir. Uma das consequências mais fáceis é reforçar uma regra familiar: primeiro o trabalho, depois a diversão. Os filhos sabem que a lição de casa e as tarefas domésticas precisam ser feitas antes de assistir à TV, de jogar *videogame*, usar o telefone ou brincar com amigos. Independentemente do que decidir, *mantenha a sua política*.

Plano de mudança de comportamento

Comece pensando em como eram as coisas na sua infância. Você era responsável pelas tarefas em sua casa? Quais? Os estudos mostram que, décadas atrás, os filhos realizavam muito mais tarefas domésticas do que hoje. O que mudou em nosso estilo de vida que está causando o declínio em ajudar nas tarefas? Por que é importante que seu filho as faça? Pense bem sobre *por que* você quer que seus filhos realizem tarefas. Escreva o que acha. Assim, você terá motivação resolver as brigas em casa.

> **VOCÊ SABIA?**
>
> Elizabeth Crary, autora de *Pick Up Your Socks... and Other Skills Growing Children Need*, entrevistou centenas de famílias e descobriu que crianças pequenas eram capazes de realizar diversas tarefas domésticas, apesar de normalmente precisarem da ajuda dos pais. Também descobriu que, se os pais esperam que seus filhos façam as tarefas sozinhos a princípio, podem se decepcionar. Por isso, se você quer que seu filho seja bem-sucedido, primeiro mostre *exatamente* como ele deve fazer a tarefa para fazê-la direito.

Agora está na hora de entrar em ação para começar a moldar o comportamento de seu filho. Use seu Diário de Mudanças para anotar suas ideias e para desenvolver seu plano:

1. Pense quais são os principais pontos que estão fazendo com que seu filho se revolte na hora de executar as tarefas. Relacione-os. Há alguma coisa que você pode fazer para diminuir esses conflitos? Pense também se todas as crianças e todos os adultos da família realizam as obrigações que lhes cabem. A falta de justiça poderia estar causando tensão? O que você pode fazer para tornar as coisas mais justas?
2. Pense em como assumiu suas responsabilidades. Por exemplo, ensinou a seu filho como espera que ele faça a tarefa? Você

o ajuda a planejar quando e como realizar o trabalho? Você o elogia sempre que ele obedece? O *seu* comportamento precisa ser melhorado? Em caso afirmativo, como pretende mudar? Escreva seu plano.

3. Releia o Passo 1 e relacione as tarefas que gostaria que seu filho realizasse. Aqui estão as possibilidades:

Lista de possíveis tarefas:

_____ Arrumar e tirar a mesa: dobrar guardanapos, enxaguar os pratos sujos, colocá-los dentro do lava-louças, guardar os pratos limpos.

_____ Limpar o carro: tirar o lixo, passar aspirador, encerar, limpar as janelas.

_____ Jardinagem: tirar as ervas daninhas, regar, varrer as folhas caídas, cortar a grama, varrer o quintal.

_____ Quarto: tirar o pó, arrumar a cama todos os dias, guardar os brinquedos.

_____ Banheiro: limpar balcões, pias, chuveiros, vasos sanitários e banheiras, dobrar toalhas.

_____ Animais de estimação: dar comida, levar para passear, escovar, dar banho, limpar a casinha.

_____ Roupas: colocar as roupas sujas dentro do cesto, esvaziar o cesto, separar peças claras e escuras, dobrar as peças limpas.

_____ Reciclagem: separar revistas e papéis.

_____ Vidros e espelhos: usar um *spray* removedor de sujeiras.

_____ Tirar o pó dos móveis, passar aspirador na casa.

4. Decida se pretende pagar pelas tarefas realizadas. Em caso afirmativo, será a mesma quantia para cada filho, por tarefa ou por semana?

5. Decida se as tarefas devem ser alteradas semanalmente, diariamente, duas vezes ao mês ou mensalmente. O domingo é considerado um dia livre ou um dia comum? Procure criar uma programação que seja adequada ao estilo de vida de sua família, coloque tudo em um quadro e mantenha-se firme nas decisões.
6. Pense em como você vai explicar o plano às crianças. Deixe tudo por escrito e então o implemente.

➡ Ver também *Desacato*, *Falta de atenção ao que dizem*.

Compromisso de mudança

Como você usará os quatro passos e o Plano de Mudança de Comportamento para ajudar seu filho a realizar uma mudança de longo prazo? Nas linhas a seguir, escreva exatamente o que você concorda em fazer dentro das próximas 24 horas para dar início à mudança de comportamento de seu filho.

_____
_____
_____

Resultados da mudança

Todas as mudanças de comportamento exigem trabalho árduo, prática constante e reforço dos pais. Cada passo que seu filho dá em direção à mudança pode ser pequeno, por isso tome o cuidado de reconhecer e parabenizar cada um deles. São necessários, no mínimo, 21 dias para que os resultados reais comecem a aparecer, por isso não desista cedo demais. Lembre-se de que, se uma estratégia não funcionar, outra funcionará. Anote o progresso semanal da criança nas linhas a seguir. Faça registros de seu progresso diário no Diário de Mudanças.

SEMANA 1

_____
_____
_____

SEMANA 2

_____
_____
_____

SEMANA 3

_____
_____
_____

COMPORTAMENTO 8

Cinismo

N osso filho de 12 anos era uma criança positiva. Nos últimos tempos, percebemos uma mudança de atitude que está nos deixando preocupados. Na semana passada, ele não quis ir conosco servir refeições a portadores de HIV porque disse que eles vão morrer de qualquer jeito. Ele se tornou muito negativo e cínico em relação a tudo. O que fazer para recuperar nosso filho? É triste conviver com ele assim.

– Jane, mãe de cinco filhos, Albuquerque, Novo México

"E daí? Não faz a menor diferença."
"Não importa quem seja eleito líder da classe, minha opinião vai continuar não tendo importância."
"Por que rezar? O mundo vai acabar mesmo."

DICA DE COMPORTAMENTO

O primeiro passo para ajudar seu filho a desenvolver uma perspectiva mais positiva na vida é interromper qualquer pensamento negativo. Talvez você esteja passando esse problema a ele.

As crianças cínicas costumam se concentrar nas partes ruins dos acontecimentos, só os veem erros, tento em si mesmas como nos outros, e deixam todos para baixo. As crianças não nascem pessimistas e negativas; pesquisas mostram que esse comportamento se aprende. E o mundo de hoje alimenta o cinismo. Precisa de provas? Analise as letras de músicas famosas e perceba o desespero. Jornais e noticiários introduzem na mente de nossos filhos que o mundo é ruim, sem esperança. Não é de surpreender o fato de tantas crianças serem pessimistas. Não é fácil mudar a atitude negativa delas. O lado bom é que, assim como o negativismo é aprendido, também pode ser desaprendido. Quanto mais cedo você começar, mais fácil será consertar esse comportamento.

Seis estratégias para acabar com o cinismo

Aqui estão seis estratégias para guiar você na hora de acabar com as atitudes negativas que arruínam o comportamento de seu filho:

1. *Enfatize o lado positivo*. O primeiro passo para acabar com o cinismo está nas palavras de uma ótima canção: "Você precisa enfatizar o lado positivo para eliminar o negativo". Comece a mudança no comportamento de seu filho enfatizando uma visão positiva em sua casa. Talvez você possa começar o jantar com um relato de boas notícias, no qual cada pessoa diz algo bom que aconteceu durante o dia. Procure histórias novas e inspiradoras, livros e vídeos, e mostre-os a seus filhos para

que eles possam ver o lado bom da vida, em vez de apenas o lado ruim.

2. *Perceba os pensamentos negativos.* Uma vez que seu filho forma grande parte de sua atitude escutando aos outros, observe as frases que os membros da família dizem. *Você* precisa de uma mudança de atitude? Uma maneira simples de começar é dizendo mensagens mais positivas em voz alta para que seu filho as escute.

3. *Controle o consumo negativo.* Fique atento ao que seu filho assiste e escuta, como programas de TV, Internet, letras de músicas, *videogames* e filmes. Quanto disso tudo está permitindo que ele tenha uma visão negativa da vida? As mudanças são necessárias? Em caso afirmativo, coloque restrições em mídias específicas ou no entretenimento que podem estar contribuindo para a visão negativa e cínica de seu filho.

4. *Mostre o negativismo.* Um dos grandes motivos pelos quais muitas crianças não mudam de comportamento é porque não percebem que suas atitudes são inapropriadas. Ajude seu filho a reconhecer a frequência com que age de modo cínico, mostrando-lhe quando isso acontece. Tome o cuidado de não ser negativo quando isso acontecer. Crie um código que apenas você e seu filho reconheçam, que significa que ele fez um comentário negativo – como dar uma leve puxada no lóbulo da orelha, tocar o cotovelo ou fazer sinal de negativo – e passe a usar esse sinal sempre que ele for pessimista.

5. *Transforme as coisas negativas em positivas.* Uma grande regra para acabar com o negativismo se chama "Um Negativo – Um Positivo". Sempre que uma pessoa da família faz um comentário negativo, ela deve transformá-lo em positivo. Se seu filho disser: "Que bobagem. Por que temos de fazer isso?", incen-

tive-o a transformar a frase em positiva: "Certo, se eu limpar meu armário, ficarei com mais espaço". Reforçar a regra aos poucos diminui as afirmações negativas – mas você precisa ser firme.

6. *Reaja com uma visão equilibrada.* As crianças cínicas parecem estar dentro de uma armadilha obscura de pensamento, com ideias negativas de todas as situações. Conforme o hábito vai ficando mais forte, elas aumentam os acontecimentos ruins e não dão a devida importância aos bons. Uma maneira de podar o pensamento negativo de seu filho é oferecer-lhe uma visão mais equilibrada do mundo. Por exemplo, se seu filho não entrou para o time de futebol e tem certeza de que "todo mundo" acredita que ele joga mal, você pode rebater de modo diferente: "Sei que você está decepcionado por não ter entrado para o time. Mas lembre-se de que sabe correr muito bem e nadar também".

VOCÊ SABIA?

As crianças de hoje têm dez vezes mais chances de ser deprimidas do que as que nasceram no primeiro terço do século XX. Martin Seligman, da Universidade da Pensilvânia e autor de *The Optimistic Child*, descobriu que ajudar os jovens a se tornar mais otimistas e menos cínicos não apenas ajuda a protegê-los da depressão como também faz com que se sintam deprimidos com menos frequência, mais bem-sucedidos na escola e no trabalho, mais capazes de se recuperar de adversidades e até mais saudáveis fisicamente do que as pessoas negativas. Ele também descobriu que o otimismo pode ser alimentado e o pessimismo pode ser reduzido. Então, como você está tirando o negativismo de seu filho?

Plano de mudança de comportamento

Pense em sua infância. Você se considerava uma pessoa otimista ou pessimista? E agora? Como seus pais reagiam quando você era pessimista? Você acha que as crianças de hoje são mais pessimistas do que as de antigamente? Por quê? Se você fosse criança hoje em dia, que tipo de atitude teria em relação ao mundo? Como você acha que podemos ajudar nossos filhos a ver o mundo de forma mais positiva?

Agora está na hora de entrar em ação para começar a mudar o comportamento de seu filho. Use o Diário de Mudanças para escrever suas ideias e para desenvolver seu plano.

1. Pense sobre como reage ao comportamento negativo de seu filho. Sua reação poderia estar aumentando o negativismo nele? As reações dos pais que provocam o negativismo costumam ser: insultos, julgamento, humilhação, ameaças e gritos. Se um desses comportamentos fizer o estilo de seus pais, como você vai mudar sua reação? Desenvolva um plano.
2. Pense no que pode estar provocando esse negativismo. Quando o comportamento começou? Algum outro acontecimento ocorreu na mesma época: um novo professor, dificuldades na escola, problemas de relacionamento, agenda cheia, mudança na família? Alguma coisa que possa ter dado início a esse comportamento? Situações especiais ou pessoas fazem com que o comportamento piore? Há momentos do dia ou circunstâncias nos quais você não percebe o pessimismo? Por quê? Seu filho demonstra pessimismo em alguma situação especificamente? Escreva os padrões que perceber.

3. Descarte causas mais sérias. Por exemplo, seu filho pode estar ansioso com alguma coisa, deprimido ou sofrendo de baixa autoestima? Ele sofreu alguma experiência traumática que poderia estar causando os sentimentos negativos em relação ao mundo? O uso de drogas pode ser outro motivo. Se você acha que uma dessas razões pode estar provocando o negativismo, procure ajuda com um profissional experiente. Converse com outros adultos que conhecem bem o seu filho. O que você vai fazer?
4. Reavalie as seis estratégias para acabar com o negativismo e escolha uma que ajude seu filho a sair do pessimismo e a adotar uma atitude mais otimista. Planeje suas decisões para saber como usar a estratégia com seu filho.
5. O negativismo é um comportamento adquirido. A pergunta mais importante a ser feita é: onde ele está aprendendo isso? Procure observar seu comportamento com atenção e também o comportamento de outros membros de sua família, para ter certeza de que eles não são a causa. Depois, comprometa-se a substituir o negativismo. Agora anote os passos que pretende dar para transformar o comportamento.

➡ Ver também *Raiva, Ansiedade, Comentários maldosos*.

Compromisso de mudança

Como você usará as seis estratégias e o Plano de Mudança de Comportamento para ajudar seu filho a realizar uma mudança de longo prazo? Nas linhas a seguir, escreva exatamente o que você concorda em fazer dentro das próximas 24 horas para dar início à mudança de comportamento de seu filho.

Resultados da mudança

Todas as mudanças de comportamento exigem trabalho árduo, prática constante e reforço dos pais. Cada passo que seu filho dá em direção à mudança pode ser pequeno, por isso tome o cuidado de reconhecer e parabenizar cada um deles. São necessários, no mínimo, 21 dias para que os resultados reais comecem a aparecer, por isso não desista cedo demais. Lembre-se de que, se uma estratégia não funcionar, outra funcionará. Anote o progresso semanal da criança nas linhas a seguir. Faça registros de seu progresso diário no Diário de Mudanças.

SEMANA 1

SEMANA 2

SEMANA 3

COMPORTAMENTO 9

Desacato

M eu filho está me enlouquecendo! Ele nunca faz o que eu peço. Reclama, recusa-se a fazer o que eu mando e diz que sou injusto. Se insisto, o caos toma conta da casa. Não tenho energia para lidar com ele no momento – e ele só tem 12 anos. O que vai acontecer quando ele for adolescente? SOCORRO!

– Alan, pai de dois filhos, Madison, Wisconsin

"Nenhum dos meus amigos precisa fazer isso. Por que eu preciso?"

"Você não pode me obrigar!"

"Não vou fazer isso, por isso nem perca seu tempo pedindo."

DICA DE COMPORTAMENTO

A atitude de desacato não deve ser tolerada, mas isso não quer dizer que você não deve tentar entender o que está fazendo com que seu filho aja dessa maneira.

Toda criança desobedece aos pais de vez em quando. Mas quando o filho não faz o que pedimos, ultrapassam o limite. Essas crianças não estão apenas deixando de fazer o que queremos, mas também desafiando a autoridade dos pais. Paul Coleman, psicólogo e autor de *How to Say It to Your Kids*, diz que o desacato é a "desobediência com determinação". Em hipótese alguma seu filho pode sair sem punição dessa situação. Ignorar o desacato, ceder ou desistir e fazer por ele o que ele precisaria fazer terá um preço alto para a harmonia de sua família e para o desenvolvimento do caráter de seu filho.

Três passos para diminuir o desacato

Use as medidas a seguir como guia para acabar com o comportamento desafiador e aumentar a cooperação por parte de seu filho:

Passo 1. Deixe claro que você espera que ele obedeça

Espere o momento em que vocês dois estejam calmos e então fale sobre suas preocupações. Diga a seu filho que você espera que ele lhe obedeça. Diga: "Preste atenção na minha voz. Se eu estiver sério ou disser 'Estou falando sério', pode acreditar". Dica: Aja de forma que seu filho entenda claramente seu "tom sério". Não faça suposições. Dê o exemplo. Explique que, se ele não fizer o que você está pedindo, haverá consequências. Depois explique a consequência (reveja o Passo 3). Para ter certeza de que ele entendeu, peça que repita o que você disse. É interessante passar o acordo para o papel, e vocês dois devem assiná-lo. Se seu filho for pequeno, ele pode fazer um desenho no lugar das palavras. Guarde o contrato em um local seguro para que possa recorrer a ele mais tarde, se preciso.

Vamos supor que seu filho tenha uma boa desculpa para não lhe obedecer (essa possibilidade existe). Você pode dizer: "Se você tem um bom motivo que explique por que não pode fazer o que estou lhe pedindo, diga-me de modo respeitoso. Talvez você tenha uma prova de ciências amanhã e precise de tempo para estudar. Ou talvez esteja no meio de um telefonema importante sobre um trabalho da escola e precisa de mais cinco minutos. Vou entender. Escute como pergunto com respeito". E dê o exemplo a ele para falar com respeito.

Quando ele começar a falar com respeito, aceite. Mas seu filho também precisa saber que você não vai aceitar tudo o tempo todo. Deve existir um bom motivo para que ele não faça o que você está lhe pedindo. Mas certifique-se de que ele acate seu pedido de modo respeitoso.

Passo 2. Faça seu pedido de maneira firme e calma

Chegou o momento em que você quer que seu filho faça alguma coisa. Em primeiro lugar, *chame a atenção dele* (leia Falta de atenção ao que dizem, páginas 119-124, para obter orientações) e então lhe diga o que quer de modo firme e calmo. Quanto menos palavras disser, melhor. Para ter certeza absoluta de que ele entendeu seu pedido, utilize o Método de Repetição: dê as instruções e então fale para seu filho repetir o que você acabou de dizer.

- *Técnica do registro interrompido*. Com firmeza diga por que quer que ele obedeça, e então reforce: "O jantar é às seis da tarde; você precisa ir para a mesa agora". Com calma, repita seu pedido, palavra por palavra, sempre que seu filho tentar reclamar.
- *Oferecendo opções*: Dar um pouco de flexibilidade às vezes facilita. Por exemplo: "Suas tarefas precisam ser feitas hoje. Você quer terminá-las antes ou depois do jantar?"
- *Compromisso*: "Você precisa fazer sua tarefa agora, mas está reclamando muito. Concorda em fazer sua lição de casa em meia hora?" Nunca permita que seu filho estabeleça um prazo que você não considere justo ou adequado.

Passo 3. Dê um ultimato, incluindo as consequências em caso de desacato

Vamos supor que seu filho continue não obedecendo. Mantenha a calma, o que não é fácil de fazer quando lidamos com a resistência. Respire profundamente para se acalmar, e então diga a seu filho, num tom controlado, porém firme, que é a última vez que você vai falar e que não haverá espaço para negociação. *Atenção*: Não implore, não discuta, não negocie nem faça concessões. Pode ser que seu filho use todas as artimanhas para tentar vencê-lo: reclamar, inverter a história e chamá-lo de injusto, ou de outros adjetivos. O objetivo dele é cansá-lo. Por isso, seja duro e *não permita que ele o atinja*. Abrir mão faz com que você se coloque na posição que ele deseja, e assim ele vencerá. Não permita que isso ocorra. Se ele não obedecer ao seu pedido dentro de segundos, então será preciso aplicar a consequência rapidamente. E se ainda assim ele relutar e não cumprir o castigo, você deve lançar mão do Código Vermelho, a forma mais extrema de castigo. Veja as páginas 341-342 e analise as possíveis consequências.

> **VOCÊ SABIA?**
> A Associação Americana de Psiquiatria estima que 16% das crianças norte-americanas podem ter transtorno desafiador opositivo. Essas crianças costumam ser ariscas, desobedientes, teimosas e não aceitam negociar. Incansavelmente, ultrapassam os limites estabelecidos por figuras de autoridade, demonstrando o tempo todo comportamentos negativos, desobedientes, hostis e briguentos. Essas crianças descontroladas precisam da intervenção de um profissional, como um psicólogo ou um psiquiatra especializado em tratamento infantil.

Plano de mudança de comportamento

Imagine que o último acesso de desobediência de seu filho estivesse sendo filmado. Imagine-o para poder rever a interação. Qual foi seu pedido? Foi um pedido razoável? O que seu filho estava fazendo no momento? Você chamou a atenção dele em primeiro lugar? Como fez o pedido? De modo respeitoso? Como seu filho reagiu? Como você reagiu à reação dele? Faça anotações ao repensar a cena. Há alguma coisa que poderia ter sido diferente e que pudesse ter impedido esse resultado? Em caso afirmativo, como fazer isso da próxima vez?

Em seguida, procure analisar se houve algum tipo de padrão. Por exemplo, seu filho desafia totalmente todos os seus pedidos ou só alguns? Nesse caso, quais ele obedece? O que pode estar causando a diferença? Ele desafia outros adultos além de você? Em caso afirmativo, a quem? Em caso negativo, por que não?

Agora está na hora de entrar em ação para mudar o comportamento de seu filho. Use o Diário de Mudanças para escrever suas ideias e desenvolver um plano.

1. Releia o Passo 1 e prepare-se para se reunir com seu filho. Verifique se todas as suas expectativas são razoáveis e justas. Nesse momento, você deve esperar que seu filho faça *qualquer coisa* que você pedir para que ele faça, por isso limite o número de exigências e escolha apenas aquelas com as quais você realmente se importa. Quando ele começar a obedecer, aos poucos você poderá acrescentar mais pedidos.
2. Reveja o Passo 3 e então decida qual consequência será aplicada se seu filho não concordar com o pedido seguinte. Determine também qual será sua consequência no Código Vermelho: algo de que seu filho gosta muito e que você controla pode ser retirado. Leia as páginas 341-342 para ver as possibilidades. Não se esqueça de deixar clara a consequência para o caso de a desobediência continuar ocorrendo.
3. Reveja o Passo 2 com atenção. Pratique como vai interagir com seu filho da próxima vez que ele se recusar a obedecer. O que você fará para se manter calmo e firme e não recuar?
4. Como você está aplicando o que disse? Lembre-se de que, quando seu filho não obedece, você precisa aplicar a consequência imediatamente. Se tiver problemas com essa situação, pense no que pode fazer de diferente, e escreva seu plano.

➡ Ver também *Raiva, Controle, Cinismo, Falta de atenção ao que dizem, Respostas mal-educadas.*

Compromisso de mudança

Como você usará os três passos e o Plano de Mudança de Comportamento para ajudar seu filho a realizar uma mudança de longo prazo e deixar de desacatar suas ordens? Nas linhas a seguir, escreva exatamente o que você concorda em fazer dentro das próximas 24 horas para dar início à mudança de comportamento de seu filho.

_____

_____

_____

Resultados da mudança

Todas as mudanças de comportamento exigem trabalho árduo, prática constante e reforço dos pais. Cada passo que seu filho dá em direção à mudança pode ser pequeno, por isso tome o cuidado de reconhecer e parabenizar cada um deles. São necessários, no mínimo, 21 dias para que os resultados reais comecem a aparecer, por isso não desista cedo demais. Lembre-se de que, se uma estratégia não funcionar, outra funcionará. Anote o progresso semanal da criança nas linhas a seguir. Faça registros de seu progresso diário no Diário de Mudanças.

SEMANA 1

_____

_____

_____

SEMANA 2

_____

_____

_____

SEMANA 3

_____

_____

_____

COMPORTAMENTO 10

Falta de atenção ao que dizem

Tudo bem, eu admito: Ryan, meu filho de 11 anos, não obedece quando peço a ele que faça alguma coisa. E sei que ele não é surdo – ele escuta o que se passa na televisão e conversa com os amigos perfeitamente. Estou ficando muito cansada de perguntar: "Quantas vezes preciso dizer?"

– Barbara, mãe de dois filhos, Calgary, Alberta, Canadá

"Você levou o lixo para fora?" Silêncio.

"Você fez a lição de casa?" Sai da sala.

"Você deu comida para o cachorro?" Começa a gravar um CD novo.

DICA DE COMPORTAMENTO

Uma das maneiras mais rápidas de fazer com que os filhos prestem atenção é simples: falar menos, não mais. Assim, aumentam as chances de eles escutarem o que você quer dizer.

Hoje em dia, muitas crianças parecem só escutar o que querem. Sim, elas conseguem ouvir a TV, os amigos e até as letras mais esquisitas no rádio. Mas, quando precisam responder às perguntas ou aos pedidos dos pais, tudo muda. Se você já começou a usar ameaças, subornos e gritos para chamar a atenção de seu filho, saiba que não está sozinho. A revista *Parents* perguntou a pais e mães qual o maior desafio que enfrentam na criação dos filhos, e, sem dúvida, "Meu filho não me ouve" foi a resposta mais dada.

Seis dicas para fazer com que seu filho preste atenção logo na primeira vez

Use as seguintes dicas como guia para fazer com que seu filho preste atenção logo na primeira vez:

1. *Dê exemplo de como ouvir.* As crianças não conseguirão aprender a ouvir direito se não tiverem bons modelos para copiar. Por isso, não deixe de mostrar a seu filho o que espera que ele faça, prestando atenção no que ele diz. Mostre que você escuta seu parceiro, seus amigos e, mais importante, seus filhos. Um velho ditado serve como lembrete: "Temos dois ouvidos e uma única boca por um bom motivo". Escute mais do que fale e preste atenção no que seu filho tem a dizer!
2. *Fale com respeito.* A maneira mais fácil de controlar as crianças é usar os seguintes bloqueios de comunicação: analisar, pedir, ensinar, dar opinião, julgar, ameaçar, gritar e jurar. Pergunte a si mesmo como gostaria que as pessoas o tratassem se você fosse criança e use essa ideia como modelo.

3. *Primeiro preste atenção, depois fale.* Chame a atenção de seu filho e certifique-se de que ele esteja olhando para você antes de começar a falar. Você pode tocar o queixo da criança para fazer com que ela olhe em seus olhos ou pode dizer algo que chame sua atenção. "Por favor, olhe para mim e escute o que tenho a dizer." Quando estiverem mantendo contato visual, você terá a atenção dela: esse será o momento de lhe fazer seu pedido. Usando a mesma técnica sempre que quiser chamar a atenção de seu filho, ele vai escutar ao que você tem a lhe dizer.
4. *Dê um alerta.* Às vezes, é muito difícil para as crianças desacelerar, principalmente se estiverem envolvidas em algo que desperta seu interesse. Além disso, pode ser que seu filho não escute o que você tem a lhe dizer. Por isso, estabeleça um limite: "Vou precisar de sua ajuda em dois minutos" ou "Preciso conversar com você em um minuto. Apronte-se, por favor".
5. *Baixe o tom de voz.* Em vez de levantar a voz, baixe o tom. Nada deixa uma criança mais alienada do que gritos, por isso faça o contrário: fale de modo mais suave, não mais alto. Falar alto costuma pegar a criança de surpresa, e ela para de escutar. Os professores usam essa estratégia há muitos anos porque funciona.
6. *Seja conciso, suave e específico.* As crianças são mais receptivas se sabem que não terão de escutar um sermão, por isso faça pedidos curtos e diretos: "Por favor, arrume a cama antes de sair". "Você precisa se aprontar para ir à escola agora". Isso também ajuda a limitar seus pedidos. Às vezes, dizer uma palavra resolve: "Lição!", "Tarefas!"

> **VOCÊ SABIA?**
>
> Mary Budd Rowe, uma conhecida educadora, descobriu que as crianças precisam de "tempo de espera" – mais tempo para pensar no que escutam – antes de falar. Por isso, sempre que fizer uma pergunta ou um pedido, lembre-se de *esperar pelo menos três segundos* para que seu filho pense no que escutou. Assim, ele vai absorver mais informações, a possibilidade de responder será maior e provavelmente sua resposta será mais completa.

Plano de mudança de comportamento

Pense sobre como se sente quando alguém o escuta de verdade. Pense nas pessoas que você conhece que sabem escutar. O que as torna boas nisso? Que comportamentos você pode copiar? As crianças não conseguem aprender a escutar se não virem adultos a seu redor fazerem a mesma coisa, por isso acerte *seu* comportamento. Que tipo de exemplo você está passando para seu filho?

Agora está na hora de entrar em ação para começar a moldar o comportamento de seu filho. Use seu Diário de Mudanças para anotar suas ideias e para desenvolver seu plano.

1. Analise se você usa os oito bloqueios de comunicação com seu filho: analisar, pedir, ensinar, dar opinião, julgar, ameaçar, gritar e jurar. Se usar, o que pode fazer para mudar *seu* comportamento? Desenvolva um plano.

2. Reveja os passos para fazer com que seu filho escute logo na primeira vez e escolha um ou dois deles para tentar. Como pretende usá-los? Escreva sobre isso. Lembre-se de que a mudança no comportamento raramente é instantânea, por isso faça uso da mesma estratégia muitas vezes antes de tentar outra.
3. Se seu filho parece ter problemas para escutar de modo geral (e não apenas *você*), procure um pediatra para descartar qualquer problema físico.

➡ Ver também *Desacato*, *Falta de educação*, *Respostas mal-educadas*.

Compromisso de mudança

Como você usará as seis dicas e o Plano de Mudança de Comportamento para ajudar seu filho a realizar uma mudança de longo prazo e aprender a escutar? Nas linhas a seguir, escreva exatamente o que você concorda em fazer dentro das próximas 24 horas para dar início à mudança de comportamento de seu filho.

_____

_____

_____

Resultados da mudança

Todas as mudanças de comportamento exigem trabalho árduo, prática constante e reforço dos pais. Cada passo que seu filho dá em direção à mudança pode ser pequeno, por isso tome o cuidado de reconhecer e parabenizar cada um deles. São necessários, no mínimo, 21 dias para que os resultados reais comecem a aparecer, por isso não desista cedo demais. Lembre-se de que, se uma estratégia não funcionar, outra funcionará. Anote o progresso semanal da criança nas linhas a seguir. Faça registros de seu progresso diário no Diário de Mudanças.

SEMANA 1
_____
_____
_____

SEMANA 2
_____
_____

SEMANA 3
_____
_____
_____

COMPORTAMENTO 11

Brigas

Estou começando a me sentir um juiz de futebol. Meus filhos estão sempre brigando e sempre tenho de dizer a eles o que fazer. Sei que não os estou ajudando quando resolvo os problemas deles, mas sinceramente é mais fácil dar ordens do que ouvir gritos, reclamações e ofensas. Precisa existir uma maneira melhor, mas qual é? Estou exausto.

– Jake, pai de dois filhos, Salt Lake City, Utah

"Mariana não quer ser minha amiga. Joguei areia nela quando ela pegou minha pazinha."

"Rodrigo e eu ficamos de castigo durante o recreio todo porque a professora escutou a gente discutindo por causa do jogo."

DICA DE COMPORTAMENTO

Aprender a lidar com problemas no conforto de casa é a melhor maneira de as crianças aprenderem errando e acertando. Continue incentivando uma abordagem realista para ajudar seus filhos a resolver seus problemas até que eles consigam, de modo confiante, fazer isso sozinhos.

"Tom convidou *minha* namorada para sair, por isso não vou mais falar com ele."

No dia a dia, os problemas enfrentados por nossos filhos são sérios: preconceito, brigas entre irmãos, pressões escolares e esportivas, rejeição por parte dos amigos, discussões e perseguições, tentativas de ter bons relacionamentos, além da frustração do simples fato de crescer. Costumávamos pensar que tais problemas só afetavam crianças mais velhas; a questão é que esses problemas estão afetando cada vez mais nossos filhos, e cada vez mais cedo. Apesar de não podermos protegê-los de problemas, frustrações e decepções amorosas, podemos dar a eles ferramentas com as quais possam enfrentar esses obstáculos de um jeito melhor. Quanto mais ajudarmos nossos filhos a resolver pacificamente os conflitos, maior será a chance de se tornarem pessoas mais bem resolvidas e com recursos para lidar com qualquer tipo de situação – *sem nossa orientação.*

Cinco passos para diminuir os conflitos

Use as seguintes medidas como guia para ajudar seu filho a brigar menos e a aprender a resolver os problemas de modo pacífico:

Passo 1. Pare e acalme-se

O primeiro passo para a resolução de problemas é ensinar seu filho a ficar calmo e perceber seus sentimentos. O motivo é simples: é impossível pensar sobre como resolver um problema quando estamos irritados. Com as emoções sob controle, podemos começar a entender, de modo racional, a causa de nossa chateação e encontrar uma resposta ao nosso dilema. Assim, ensine a criança a respirar profunda e lentamente ou a se afastar até estar calmo. Se as emoções entre duas crianças estiverem alteradas, você precisa intervir: "Estou vendo duas crianças que precisam se acalmar para que possam resolver o conflito". Talvez você precise separará-las até que a raiva esteja sob controle.

Passo 2. Espere sua vez para falar sobre o problema

O mais importante aqui é reforçar estas regras essenciais:

- Nada de humilhação nem de ofensas.
- Escutem um ao outro de modo respeitoso.
- Não interrompam. Todo mundo tem sua vez de falar.

Você pode perguntar a cada criança o que houve, resumir cada relato e terminar assim: "O que você pode fazer agora para resolver esse problema?" Dê sugestões apenas quando as crianças não souberem qual caminho seguir.

Peça a elas que comecem a explicação com a palavra "eu", não "você", que depois descrevam o problema e digam como pretendem resolvê-lo. Isso ajuda quem fala a se concentrar no conflito sem humilhar o outro. Por exemplo: "Estou incomodado porque você nunca me dá oportunidades. Também quero usar o computador". Se as emoções estiverem muito alteradas, dê às crianças a opção de escrever ou desenhar como veem o problema, em vez de dizer o que pensam. Isso ajuda muito as crianças pequenas ou as que não conseguem se expressar muito bem. O objetivo aqui é ajudar uma criança a se colocar no lugar da outra. Uma maneira de fazer isso é pedir a cada uma que diga o que a outra disse.

Passo 3. Relacione as alternativas para resolver a questão

As crianças precisam pensar nas alternativas de modo que consigam encontrar maneiras de chegar a uma solução. Independentemente de seu filho estar em idade pré-escolar ou ser adolescente, as regras básicas para pensar em soluções são as mesmas:

1. Diga a primeira coisa que pensar.
2. Não rejeite as ideias de ninguém.
3. Mude ou acrescente as ideias das pessoas.
4. Procure pensar em coisas que deem certo para as duas partes.

Não ofereça ajuda, a menos que as crianças demonstrem não saberem o que fazer! Para mantê-las concentradas, diga que elas precisam chegar a cinco soluções antes de você voltar. Depois, saia por alguns minutos. Aumente esse intervalo dependendo da idade e das habilidades de solução de problemas das crianças.

Passo 4. Diminua as opções

Diminua as opções, chegando a apenas algumas. Aqui estão duas regras para ajudar as crianças a resolverem seus problemas:

1. Elimine soluções que sejam inaceitáveis a qualquer uma das crianças porque não satisfazem as necessidades dela.
2. Elimine soluções que não sejam seguras nem inteligentes.

Passo 5. Decida qual é a melhor opção e vá em frente!

Este passo final ajuda as crianças a aprender a tomar a melhor decisão pensando bem nas consequências de suas escolhas. Você pode ensinar seus filhos a pensar na consequência de suas escolhas perguntando: "O que poderia acontecer se você tentasse outra coisa?" Outra maneira de ajudar as crianças a decidir qual é a melhor opção é fazer com que elas pesem os prós e os contras de cada possibilidade restante: "Quais são as coisas boas e ruins que podem acontecer se você escolher isso?", "Qual é a última mudança que poderia fazer para que as coisas funcionassem melhor para nós?" Quando decidirem, as duas crianças devem entrar em acordo ou dizer "Concordo".

VOCÊ SABIA?

Mais de mil estudos, incluindo relatórios do Ministério da Saúde e do Instituto Nacional de Saúde Mental, mostram que a exposição à violência na televisão causa comportamento agressivo em algumas crianças, além de aumentar a tendência de que elas passem a usar a agressividade para resolver problemas. A Associação Americana de Psicologia estima que a violência vista na TV *por si só* contribui com até 15% do comportamento agressivo das crianças. Você tem monitorado o que seu filho anda assistindo na TV?

Plano de mudança de comportamento

Pare para pensar um minuto e lembre-se de como resolvia os problemas quando era pequeno. Seus pais lhe ensinaram a resolver problemas? Você tem um método para resolver problemas em seus relacionamentos ou no trabalho atualmente? É uma habilidade que pode mostrar a seus filhos, ou precisa trabalhar mais isso?

Agora está na hora de entrar em ação e começar a mudar o comportamento de seu filho. Use seu Diário de Mudanças para anotar suas ideias e elaborar seu plano:

1. Reflita sobre como seu filho costuma reagir a um problema. Ele permanece calmo ou tenso? Enfrenta o problema ou foge dele? Tenta resolver a questão de modo tranquilo ou fica ansioso a ponto de precisar de ajuda para se acalmar? Se essa for uma de suas reações comuns, talvez seja necessário que ele aprenda urgentemente o Passo 1: Pare e acalme-se. Elabore um plano.
2. Reveja o Passo 2 com seu filho. Trata-se de uma medida difícil de aprender para muitas crianças, por isso talvez a melhor maneira seja você dar o exemplo contando uma história sobre um de seus problemas. Depois, mostre à criança como escutar enquanto ela conta sua versão da história. Faça perguntas para ajudá-la a completar com os detalhes importantes e dê o exemplo repetindo o que a criança disse, de modo a ensiná-la a se colocar no lugar do outro.
3. Reveja os Passos 3 e 4 com seu filho. Incentive-o a pensar em soluções para qualquer problema, e peça a ele que diga qualquer coisa que lhe venha à mente, independentemente de a ideia parecer maluca.
4. Reveja o Passo 5, e ajude seu filho na prática de pensar nas consequências. Procure encontrar momentos nos quais possa ensinar lições ao longo do dia usando exemplos de como os conflitos cotidianos podem ser resolvidos sem brigas.

➡ Ver também *Raiva, Controle, Cinismo, Agressão, Comentários maldosos, Brigas de irmãos, Gritos.*

Compromisso de mudança

Como você usará os cinco passos e o Plano de Mudança de Comportamento para ajudar seu filho a realizar uma mudança de longo prazo? Nas linhas a seguir, escreva exatamente o que você concorda em fazer dentro das próximas 24 horas para dar início à mudança de comportamento de seu filho.

_____
_____
_____

Resultados da mudança

Todas as mudanças de comportamento exigem trabalho árduo, prática constante e reforço dos pais. Cada passo que seu filho dá em direção à mudança pode ser pequeno, por isso tome o cuidado de reconhecer e parabenizar cada um deles. São necessários, no mínimo, 21 dias para que os resultados reais comecem a aparecer, por isso não desista cedo demais. Lembre-se de que, se uma estratégia não funcionar, outra funcionará. Anote o progresso semanal da criança nas linhas a seguir. Faça registros de seu progresso diário no Diário de Mudanças.

SEMANA 1

SEMANA 2

SEMANA 3

COMPORTAMENTO 12

Facilidade em desistir

O bservamos nossa filha de 11 anos e ficamos preocupados. Ela é doce, gentil e inteligente, mas, ao primeiro sinal de dificuldade, desiste. Ela nunca vai conseguir sobreviver neste mundo repleto de concorrência se continuar assim. Dessa maneira, nunca se dará conta do que é capaz de alcançar. Podemos fazer alguma coisa para ajudá-la?

– Danielle, mãe de dois filhos, Berkeley, Califórnia

"Isso é muito difícil. Desisto."
"Isso vai demorar muito. Quero ver TV."
"Não consigo fazer isso. Vou para casa."

DICA DE COMPORTAMENTO

A perseverança é um dos traços mais importantes para o sucesso que podemos ensinar a nossos filhos. Podemos fazer uma grande diferença no potencial de nossas crianças se enfatizarmos que "não adianta apenas começar; é preciso terminar".

A perseverança é muito importante na vida de nossos filhos. Geralmente, o que mais importa não é o esforço que as crianças fazem para aprender coisas novas, mas a persistência. Essa atitude é o que vai ajudá-las a passar por altos e baixos na infância e na fase adulta. Suas conquistas, sem dúvida, aumentarão constantemente, porque elas estarão mais dispostas a tentar novas tarefas e a insistir, até alcançar o sucesso. Para que nossos filhos sobrevivam e sejam bem-sucedidos neste mundo competitivo, eles devem aprender a persistir, principalmente em épocas desafiadoras, e a não desistir. Se desistirem, não terão a chance de sentir a alegria que vem depois do reconhecimento de que algo foi terminado: "Eu consegui!"

Cinco dicas para aprender a não desistir

Use as dicas a seguir como guia para ajudar seu filho a persistir:

1. *Defina a palavra "perseverança".* Reserve um tempo para explicar que perseverança significa "não desistir" ou "insistir até completar a tarefa iniciada". Use essa palavra com frequência para ajudar seus filhos a compreenderem como essa característica é importante na vida deles. Quando seu filho insistir em uma tarefa, diga: "Você é perseverante, porque continuou tentando fazer a tarefa, apesar de ser difícil". Faça com que "perseverança" se torne a palavra do mês em sua família.
2. *Dê exemplos de esforço.* Comprometa-se a mostrar a seus filhos que você não desiste nem mesmo quando as coisas ficam di-

fíceis. Antes de começar uma tarefa, certifique-se de que seu filho o escuta, dizendo: "Vou *perseverar* até conseguir". Dar o exemplo é sempre o método número um a ser usado, por isso, conscientemente, coloque a perseverança em seu comportamento.

3. *Comece a usar o lema "não desistir" em sua família.* Crie um lema para que seu filho se lembre de como deve se comportar. Comece pensando em incentivos à perseverança, como "Tente, tente, tente, e uma hora vai conseguir", "Na nossa família, terminamos o que começamos", "Você nunca vai conseguir se desistir" e "Desistir jamais". Escolha um lema, peça a seu filho que o escreva em um pedaço de cartolina para que possa colar na parede do quarto ou na porta da geladeira. Assim, essa frase vai se tornar o lema orientador de sua família.

4. *Use palavras de incentivo.* As palavras que usamos com nossos filhos podem ajudá-los no aprendizado do valor do esforço e fazer com que adquiram o hábito de terminar o que começaram. Eis algumas frases que você pode usar com seu filho: "Não desista!", "Sei que é capaz!", "Mantenha-se firme. Não pare!", "O começo costuma ser mais difícil", "Quase lá!", "Tente de novo!", "Você vai conseguir, continue!"

5. *Crie uma faixa de incentivo.* Peça a seu filho que ajude você a encontrar uma faixa adesiva do comprimento de uma régua para reconhecer a perseverança. Escreva com caneta "Faixa da perseverança". Depois peça a todos que fiquem atentos para reconhecer a pessoa mais perseverante do mês. Todas as noites, reúna a família para anunciar os nomes dos indivíduos que não desistiram e escreva as iniciais dos nomes na faixa.

Plano de mudança de comportamento

Pense em seu comportamento. Como você faz para se manter insistindo em uma tarefa sem desistir? E seu parceiro? E seus pais? Esse exemplo lhe foi dado na infância? Agora pense em sua família. Você e seu parceiro estão dando o exemplo de perseverança a seus filhos? Em caso afirmativo, como? Em caso negativo, como poderia melhorar seu comportamento? Comece pensando nas atividades diárias que podem se tornar momentos a ser ensinados para dar o exemplo de perseverança. Assim, organizar as contas pode ser uma grande lição se você disser a seus filhos: "Preciso organizar muitas contas hoje. Vou me sentar aqui até acabar". Escreva algumas ideias sobre como pode dar exemplos de perseverança a seus filhos.

> **VOCÊ SABIA?**
>
> O professor Lewis Terman, de Stanford, analisou por muitas décadas 1.500 estudantes superdotados e descobriu que o alto nível de inteligência não determinava o sucesso. Apenas uma pequena parte do grupo altamente inteligente foi bem-sucedida. O que as pessoas bem-sucedidas tinham em comum? Todas haviam aprendido, antes de sair do ensino médio, o valor da perseverança e de não desistir. Foi essa a característica que mais os ajudou a ter sucesso.

Agora está na hora de entrar em ação e começar a mudar o comportamento de seu filho. Use o Diário de Mudanças para escrever suas ideias e desenvolver seu plano.

1. Pense em seu filho. De quais coisas ele costuma desistir? Talvez você demore para fazer uma avaliação correta, por isso continue observando. Faça uma lista e não deixe de acrescentar mais observações.
2. Releia a lista. Você notou um padrão? Por exemplo, você pode ver que ele desiste com facilidade de sua lição de matemática. Por quê? Ele consegue se concentrar adequadamente? A lição é condizente com sua capacidade? Ou imagine que seu filho não consiga terminar um jogo simples. Ele fica frustrado com facilidade? Ele sabe perder? Brinque de detetive e tente descobrir a causa. Quando conseguir entender, escreva seu plano para ajudar.
3. Releia as cinco dicas para diminuir uma atitude de sofrimento. Escolha aquelas que você gostaria de usar com seu filho. Escreva o que você fará para ter sucesso.

Compromisso de mudança

Como você usará as cinco dicas e o Plano de Mudança de Comportamento para ajudar seu filho a realizar uma mudança de longo prazo? Nas linhas a seguir, escreva exatamente o que você concorda em fazer dentro das próximas 24 horas para dar início à mudança de comportamento de seu filho.

_____
_____
_____

Resultados da mudança

Todas as mudanças de comportamento exigem trabalho árduo, prática constante e reforço dos pais. Cada passo que seu filho dá em direção à mudança pode ser pequeno, por isso tome o cuidado de reconhecer e parabenizar cada um deles. São necessários, no mínimo, 21 dias para que os resultados reais comecem a aparecer, por isso não desista cedo demais. Lembre-se de que, se uma estratégia não funcionar, outra funcionará. Anote o progresso semanal da criança nas linhas a seguir. Faça registros de seu progresso diário no Diário de Mudanças.

SEMANA 1
_____
_____
_____

SEMANA 2
_____
_____
_____

SEMANA 3
_____
_____
_____

COMPORTAMENTO 13

Agressão

Estamos muito preocupados com a possibilidade de nosso filho de 8 anos estar se tornando uma versão infantil do Mike Tyson. Sempre que se sente frustrado, ele começa a socar e a chutar quem está com ele. Só este mês, ele se envolveu em duas brigas na escola. Não temos a mínima ideia do que fazer para que ele deixe de ser agressivo.

– Will, pai de três filhos, Toronto, Ontário, Canadá

"Eu tive que bater nele. Ele me xingou."
"Não bati assim *tão* forte."
"Ela me bateu primeiro."

DICA DE COMPORTAMENTO

Crianças que agridem não aprenderam substitutos apropriados para a frustração e a raiva. Por isso, ensine a seu filho uma alternativa positiva de modo que ele não tenha de lançar mão de agressões.

A maioria das crianças acaba agredindo em um momento ou outro. A agressão pode ser a única maneira que conhecem de resolver as coisas. Apesar de raiva e frustração serem sentimentos normais, usar a agressão para expressá-los não é certo. Rapidamente isso se torna um hábito, que pode ser difícil de ser desfeito. Estudos também mostram que crianças que agridem têm chance muito maior de se tornar adultos agressivos com o parceiro ou violentos com os filhos. Interrompa esse tipo de comportamento agora mesmo.

Quatro passos para eliminar a agressão

Use os seguintes passos como guia para acabar com a agressividade de seu filho:

Passo 1: Estabeleça uma política de tolerância zero para a agressão

Procure falar sobre sua preocupação com a agressividade em um momento tranquilo, quando não será interrompido. Seja sério e firme de modo que a criança compreenda que você não está satisfeito com o comportamento dela, e explique por que o desaprova. Se seu filho for mais velho, discuta as possíveis e sérias consequências de seus atos: ele pode machucar a vítima ou a si próprio, pode ter problemas, ser suspenso da escola, passar a ter má fama e perder amigos. Dedique um tempo para escutar as explicações dele sobre os motivos da agressividade. Não julgue, apenas escute. Pode ser que você descubra causas antes desconhecidas. Ofereça-se para ajudar. Depois diga que as agressões não serão toleradas e explique as consequências sempre que ele lançar mão desse tipo de comportamento: "Se eu o vir batendo em sua irmã de novo, você vai parar de brincar e vai ficar de castigo por quinze minutos" ou "Se eu souber que você bateu em alguém de novo, vai ficar de castigo pelo resto do dia". Veja uma lista de consequências nas páginas 341-342 adequadas para a idade e o temperamento de seu filho.

Passo 2. Ensine alternativas aceitáveis à agressão

Simplesmente pedir a seu filho para que não agrida não garante que ele adquira o comportamento certo. Ajude-o a aprender maneiras adequadas de lidar com a frustração sem ter de usar a agressão. Procure pensar com ele em algumas alternativas aceitáveis: "Vamos pensar em algo que você poderia fazer em vez de agredir". Depois, escolha uma e a ensine à criança. Ensaie essa alternativa até que ela a aprenda. Eis algumas possibilidades:

- *Lidar com a raiva.* Amassar argila, bater em um travesseiro ou em um saco de areia.
- *Usar uma frase que comece com "Eu quero".* Diga à outra pessoa o que quer que ela faça. A frase deve se concentrar no problema: "Você pegou meu brinquedo, e eu quero que me devolva". Xingamentos e humilhações não são aceitos.
- *Dizer como você se sente.* Crianças pequenas, com habilidades limitadas de fala, podem dizer como se sentem ao agressor: "Estou irritado" ou "Estou muito, muito bravo".
- *Ir a um local tranquilo.* Peça a seu filho ajuda para montar um espaço ao qual ele possa ir para retomar o controle. Coloque

alguns objetos lá, como livros, músicas, canetas e papel, e o incentive a usar esse espaço para se acalmar.
- *Sair da cena*. Sempre que sentir vontade de brigar, afaste-se. É sempre mais seguro fazer isso.

Passo 3. Reforce comportamentos pacíficos

Uma das maneiras mais simples de mudar o comportamento de uma criança é apontar quando ela estiver se comportando bem. É também a técnica menos usada pelos pais. Sempre que vir seu filho lidando com uma situação difícil com calma, expressando as frustrações sem agredir ou usando o autocontrole, reconheça o comportamento e diga a ele que reconhece o esforço: "Percebi que você estava muito bravo, mas se afastou para se acalmar. É um ótimo sinal". "Você conversou com seu amigo para mostrar a ele que estava irritado. Que bom!" Lembre-se de que os comportamentos reforçados são aqueles que a criança continuará adotando. Também é uma das melhores maneiras de fazer com que as atitudes desejadas se tornem um hábito de comportamento.

Passo 4. Reforce a consequência da agressão

O que fazer se seu filho continuar a agredir? Em primeiro lugar, pare, respire e se acalme antes de reagir, e então reforce a consequência combinada. Não dê sermão e, principalmente, *não agrida a criança agressiva*. Isso envia uma mensagem dupla: "Os adultos podem agredir, mas as crianças não". Em vez disso, segure as mãos de seu filho e diga: "Não se pode bater nas pessoas. Você vai ter de se sentar ali para se acalmar por cinco minutos". No caso de um adolescente, diga com firmeza qual será o castigo:

"Combinamos que a agressão não seria tolerada. Você não vai poder ver TV esta noite" (ou qualquer que seja a consequência). A criança deve obedecer. Se não fizer isso, a consequência deve ser duplicada.

Plano de mudança de comportamento

As crianças têm se tornado cada vez mais agressivas. O que pode estar causando essa tendência? O que os pais podem fazer para ajudar seus filhos a ser mais tranquilos?

VOCÊ SABIA?

Arnold Goldstein, autor do livro *Violence in America*, diz que a agressão a crianças se tornou um hábito. Noventa por cento das crianças apanham dos pais pelo menos de vez em quando. As que mais apanham são as de 3 e 4 anos, mas um quarto delas continua a ser alvo de agressão até a adolescência.

Especialistas concordam que a agressão é um comportamento que se aprende. Onde seu filho pode estar aprendendo a ser agressivo? Pense no exemplo que você dá: como você mantém a calma em momentos difíceis? Você reage sem violência ao estresse e a pressões de sua vida? Além disso, como você e seu parceiro podem reagir ao comportamento agressivo de seu filho? Por exemplo, vocês se mantêm calmos, gritam, criticam, repreendem, dão sermão ou agridem? Sua reação pode estar motivando o comportamento de seu filho? Nesse caso, o que você pretende fazer para mudar seu comportamento e passar calma a seu filho? Faça um plano e depois se comprometa a cumpri-lo.

Agora é hora de entrar em ação para começar a mudar o comportamento de seu filho. Use seu Diário de Mudanças para anotar suas ideias e para desenvolver o plano.

1. Analise com seriedade o comportamento agressivo de seu filho. Com que frequência ele recorre a atitudes explosivas? Registre em seu calendário a frequência com que ele demonstra esse tipo de comportamento. Anote também o horário em que isso ocorre. Existe um padrão de onde, quando e com quem ele faz isso? Tem demonstrado esse comportamento em outro lugar? Em caso afirmativo, converse com pessoas do convívio dele.
2. Quando ele começou a lançar mão da agressão? O que pode estar causando isso? Relacione as possibilidades, e depois releia a lista. Há alguma coisa que você pode fazer para alterar o ambiente de seu filho, a fim de reduzir o estresse e suas frustrações?
3. Releia o Passo 1 e determine a consequência da próxima vez que seu filho recorrer à agressão. Depois, planeje como vai explicar suas preocupações e a consequência a seu filho.
4. Releia o Passo 4. O que fará para ajudar seu filho a aprender a substituir a agressão? Escolha uma ou duas alternativas para lhe ensinar e depois se comprometa a rever o novo comportamento de seu filho até que ele passe a usá-lo, em vez de recorrer à agressão.
5. Leia o Passo 3 e planeje como vai reconhecer os comportamentos pacíficos de seu filho.
6. Esteja preparado para recaídas. Se esse comportamento vem ocorrendo há muito tempo, vai ser mais difícil para que a

criança deixe-o de lado. Assim, repasse o Passo 4 e reflita sobre como reagir da próxima vez que seu filho for agressivo.
7. Se ainda assim não perceber mudanças no comportamento agressivo da criança depois de algumas semanas, procure a ajuda de um profissional.

➨ Ver também *Raiva, Ansiedade, Brigas, Impulsividade, Crueldade, Falta de espírito esportivo, Brigas de irmãos, Acessos de raiva.*

Compromisso de mudança

Como você usará os quatro passos e o Plano de Mudança de Comportamento para ajudar seu filho a realizar uma mudança de longo prazo? Nas linhas a seguir, escreva exatamente o que você concorda em fazer dentro das próximas 24 horas para dar início à mudança de comportamento de seu filho.

_____
_____
_____

Resultados da mudança

Todas as mudanças de comportamento exigem trabalho árduo, prática constante e reforço dos pais. Cada passo que seu filho dá em direção à mudança pode ser pequeno, por isso tome o cuidado de reconhecer e parabenizar cada um deles. São necessários, no mínimo, 21 dias para que os resultados reais comecem a aparecer, por isso não desista cedo demais. Lembre-se de que, se uma estratégia não funcionar, outra funcionará. Anote o progresso semanal da criança nas linhas a seguir. Faça registros de seu progresso diário no Diário de Mudanças.

SEMANA 1
_____
_____
_____

SEMANA 2
_____
_____
_____

SEMANA 3
_____
_____
_____

COMPORTAMENTO 14

Brigas na hora de fazer a lição de casa

Nossa casa, às 19 horas, parece mais um campo de batalha. É quando nossos três filhos, de 7, 10 e 12 anos, precisam começar a fazer a lição de casa. Na verdade, é quando começam as brigas, os gritos e as reclamações. Não sei quem se comporta pior: meu marido, nossos filhos ou eu. Como posso fazer com que façam a lição de casa sem que para isso tenha que começar uma guerra?

– Susan, mãe de três filhos, Truckee, Califórnia

"Mas você me ajudou na semana passada!"

"Você não pode escrever um bilhete dizendo que estou doente?"

"Mas fiz quase tudo. Só vou precisar entregar amanhã de manhã!"

DICA DE COMPORTAMENTO

Reconheça que seu papel na tarefa de casa é ajudar, não fazer. Quando deixar bem clara sua função, os conflitos serão reduzidos pela metade. A responsabilidade está nas mãos de seu filho, não nas suas.

Pesquisas mostram que fazer a lição de casa melhora não apenas o aprendizado das crianças, mas também as habilidades essenciais das quais precisarão para ter sucesso na escola e na vida, como organização, solução de problemas, concentração, memória, conquista de objetivos, disciplina e persistência. Mas, às vezes, em nossa busca por ajudar os filhos a ter sucesso, exageramos e ajudamos *demais*. Ou talvez não estabelecemos padrões suficientemente rígidos para que eles realizem as tarefas exigidas da melhor maneira.

Oito estratégias para diminuir os conflitos na hora da lição de casa

Use as estratégias a seguir como guia para ajudar seu filho a se tornar mais bem-sucedido e independente em seu aprendizado:

1. *Crie um local especial para a lição de casa.* Para que seu filho compreenda a importância de fazer a lição de casa, separe um local especial para que ele estude. Pode ser qualquer espaço com boa iluminação e pouco barulho. Depois, peça a ajuda da criança para abastecer o local com os itens necessários, como canetas, lápis, papel, tesoura, régua, calculadora e dicionário. Se não tiver uma mesa, deixe os itens em um cesto de plástico ou dentro de uma caixa. Assim, seu filho vai conseguir ser mais organizado.
2. *Saiba quais são as expectativas dos professores.* Converse com os professores ao longo do ano para entender quais são as expectativas deles em relação à lição de casa. Por exemplo, quan-

do são anunciadas as datas das provas? Quando é dia de ir à biblioteca? Há testes de ortografia toda semana? Quando os relatórios de leitura devem ser entregues? Os relatórios precisam ser digitados ou escritos a mão?

3. *Estabeleça uma rotina desde o começo.* Escolha um horário que seja bom para seu filho – depois da aula, antes do jantar, depois do jantar – e atenha-se a ele. Você pode colocar as regras em um local visível ou desenhar um relógio com o horário estabelecido para que as crianças menores compreendam melhor.

4. *Diga que a lição de casa não é opcional.* Desde o começo, deixe clara sua atitude séria e firme. Seu filho precisa saber que a lição de casa tem de ser bem-feita. Não há outra opção.

5. *Ensine habilidades de planejamento.* Mostre a seu filho como elaborar uma lista do que precisa ser feito todas as noites em ordem de prioridade. Assim, ele pode riscar cada item conforme for cumprindo todos eles. Uma criança pequena pode desenhar cada tarefa em pedaços de papel, colocá-las na ordem em que pretende executá-las e grampear os papéis. Sempre que uma tarefa for concluída, a criança destaca o papel referente a ela até que não reste mais nenhuma.

6. *Ofereça ajuda apenas quando for realmente necessário.* Se seu filho estiver com dificuldades, ajude-o a compreender a tarefa criando problemas parecidos, e mostrando, passo a passo, como ele deve resolvê-los. Depois, observe enquanto ele tenta resolvê-los sozinho. Pedir a ele que mostre o trabalho terminado ao fim de cada seção é outra maneira de ter a garantia de que ele está seguindo as orientações corretamente, mas sem depender de você para todos os detalhes.

7. *Divida as tarefas em partes menores.* Dividir a lição de casa em parte menores costuma ser melhor para as crianças que têm dificuldades ou que sempre se cansam. Diga a seu filho para fazer "uma parte por vez". Você pode aumentar o tamanho das "partes" conforme a confiança de seu filho for aumentando.
8. *Estabeleça uma consequência se a tarefa não for realizada.* Se você descobrir que a lição de casa não está sendo feita, ou se vir que não está sendo realizada com a qualidade esperada, anuncie uma consequência. Por exemplo, se a tarefa não for concluída até determinado horário (o ideal é que seja o mesmo horário todas as noites), seu filho sabe que ele vai perder um privilégio naquela noite ou no dia seguinte.

VOCÊ SABIA?

Dados revelam que os maiores benefícios de fazer a lição de casa são vistos no ensino médio, principalmente quando os alunos realizam, pelo menos, de cinco a dez horas de lição toda semana. A mesma coisa pode ser dita sobre alunos do ensino fundamental. Menos rigidez não traz um aprendizado maior. A lição de casa nos anos de formação básica tem relativamente menos efeito no desenvolvimento acadêmico, mas tem efeito positivo porque desenvolve o aprendizado crítico. Janine Bempechat, da Faculdade de Educação de Harvard e autora de *Getting Our Kids Back on Track*, afirma: "A lição de casa, com o passar do tempo, serve para melhorar as qualidades essenciais do aprendizado: persistência, seriedade e capacidade de postergar a gratificação" e é "cada vez mais necessária como característica do sucesso escolar", conforme os alunos avançam para níveis mais altos de educação.

Plano de mudança de comportamento

Converse com outros pais. Como eles se sentem em relação à tarefa de casa dos filhos? Pergunte que dicas eles têm para diminuir os conflitos. Se conhecer pais de colegas de seu filho, procure saber como os filhos deles lidam com a questão da tarefa. Estão achando tudo muito fácil, difícil ou normal? Essa informação ajudará você a avaliar as habilidades da criança.

Agora é hora de entrar em ação para começar a mudar o comportamento de seu filho. Use o Diário de Mudanças para escrever suas ideias e elaborar seu plano.

1. Pense no que se esconde por trás dos conflitos na hora da lição de casa. Em primeiro lugar, determine se seu filho é realmente capaz de realizar a tarefa. Por exemplo, as tarefas estão além de sua capacidade? Ele se distrai com facilidade? Ele tem as habilidades necessárias para alcançar o sucesso? Escrever uma lista de preocupações ajudará no desenvolvimento de um plano para lidar com elas.
2. Se a tarefa for difícil demais (ou fácil demais a ponto de deixá-lo entediado), marque uma reunião com o professor de seu filho para saber qual é sua opinião. Seu filho precisa de monitoria? A aula é difícil demais? O grupo de leitura (ou de estudos matemáticos) é complicado demais? Quais mudanças podem ser feitas para garantir que seu filho seja bem-sucedido? Escreva um plano.
3. Pense sobre como está reagindo a esses conflitos. Está gritando, pedindo, corrigindo, reforçando, ameaçando, protegendo, exi-

gindo? Nesse caso, como pretende mudar sua reação de modo que ela não prejudique seu relacionamento com seu filho?
4. Agora vem a pergunta mais importante: Quanto do trabalho seu filho tem feito sozinho? Lembre-se de que a lição de casa é para seu filho, não para você. Seu papel é orientar, não fazer por ele. Reflita sobre o que não está dando certo e depois faça um plano para mudar essa situação.
5. Releia as oito estratégias. Escolha as duas que podem ajudar mais seu filho. Escreva as medidas que terá de tomar para garantir seu sucesso.
6. Se achar que seu filho está tendo dificuldades com a lição de casa ou se seu relacionamento com ele estiver ruim, pense em contratar um professor particular. Peça recomendações a um professor da escola ou ao pai de outro aluno. Dica: Não desconsidere a possibilidade de um aluno do ensino médio ser o professor particular.

➡ Ver também *Facilidade em desistir*, *Vício em recompensas*, *Perfeccionismo exagerado*, *Baixa capacidade de concentração*.

Compromisso de mudança

Como você usará as oito estratégias e o Plano de Mudança de Comportamento para ajudar seu filho a realizar uma mudança de longo prazo? Nas linhas a seguir, escreva exatamente o que você concorda em fazer dentro das próximas 24 horas para dar início à mudança de comportamento de seu filho.

_____
_____
_____

Resultados da mudança

Todas as mudanças de comportamento exigem trabalho árduo, prática constante e reforço dos pais. Cada passo que seu filho dá em direção à mudança pode ser pequeno, por isso tome o cuidado de reconhecer e parabenizar cada um deles. São necessários, no mínimo, 21 dias para que os resultados reais comecem a aparecer, por isso não desista cedo demais. Lembre-se de que, se uma estratégia não funcionar, outra funcionará. Anote o progresso semanal da criança nas linhas a seguir. Faça registros de seu progresso diário no Diário de Mudanças.

SEMANA 1

_____

_____

_____

SEMANA 2

_____

_____

_____

SEMANA 3

_____

_____

_____

COMPORTAMENTO 15

Vício em recompensas

Sempre que meu filho de 5 anos guarda os brinquedos ou espera sem interromper quando estamos ao telefone, dou a ele um agrado, como uma guloseima ou uma moeda. Mas agora, sempre que peço a ele que faça alguma coisa, ele pergunta: "O que vou ganhar?" Acredito que minha ideia não tem sido muito boa: ele sempre espera ser recompensado. E agora?

– Amy, mãe solteira de um filho, Lincoln, Nebraska

"O que vou ganhar se fizer isso?"
"Quanto você vai me dar?"
"Não farei isso por menos de dez reais."

DICA DE COMPORTAMENTO

Recompensas e incentivos nem sempre ajudam a trazer as mudanças de comportamento que esperamos. Na verdade, o tiro pode sair pela culatra. Quanto mais recompensas as crianças recebem, mais elas parecem esperar receber.

Você tem escutado essas frases de seu filho ultimamente? Em caso afirmativo, são grandes as chances de ele estar sofrendo de uma epidemia infantil chamada "vício em recompensas". Eles esperam estrelinhas douradas, adesivos ou dinheiro por um trabalho bem-feito. O perigo é que, em vez de desenvolver a motivação interior, essas crianças terminam com um sistema de dependência externa altamente aguçado, a ponto de precisar de outra pessoa para reconhecer suas atitudes. Uma das tarefas mais importantes que temos como pais é ajudar nossos filhos a se tornar independentes e a reconhecer que têm controle sobre a própria vida e sobre as escolhas que fazem. Apesar de podermos relacionar a tarefa de incentivar nossos filhos ao sucesso, as crianças precisam ser as próprias incentivadoras de seus atos e aprender a contar com elas mesmas, e não conosco.

Seis estratégias para desviar o foco das recompensas externas

Use as seguintes estratégias como guia para ajudar seu filho a se tornar responsável pelo reforço de seu próprio comportamento e não esperar nada em troca:

1. *Pare de dar recompensas materiais por qualquer coisinha.* Adote uma atitude firme diante de incentivos desnecessários. Espere que seu filho se comporte em casa e dê o melhor de si na escola e em outras atividades. Essa é a única maneira de seu filho aprender a ser confiante, independente e automotivado.
2. *Troque o pronome "eu" por "você".* Uma das maneiras mais fáceis de tirar o foco das crianças do controle externo é simples-

mente mudar os pronomes em seu elogio: troque o "eu" por "você". Por exemplo:

Frase com "eu": "Eu estou muito orgulhoso de como você fez a tarefa hoje". Frase com "você": "Você deve sentir orgulho por ter feito a tarefa hoje".

Essa mudança tira a ênfase de sua aprovação e a coloca mais no reconhecimento, por parte de seu filho, da atitude adequada. Isso também ajuda a criança a avaliar as próprias atitudes.

3. *Incentive o elogio interior.* Aponte o que seu filho fez que merece ser elogiado e lembre que ele deve reconhecer isso interiormente (conversando consigo mesmo). Vamos supor que seu filho tenha dificuldades em aceitar a derrota no jogo de futebol. Dessa vez, no entanto, ele se esforçou para não culpar ninguém pela derrota. Em particular, estimule-o a incentivar o próprio sucesso: "João, você se esforçou muito para não dizer nada negativo sobre o outro time hoje. Você teve espírito esportivo. Você se lembrou de dizer a si mesmo que está de parabéns?"
4. *Diga o que você vê.* Da próxima vez que seu filho fizer algo que mereça elogio, não mexa na carteira. Em vez disso, diga uma frase sem julgamentos: "Você andou de bicicleta sozinho!" ou "Puxa! Você se esforçou de verdade para fazer esse relatório. Que bom!" Ou simplesmente sorria e diga: "Você conseguiu".
5. *Faça perguntas para aumentar o orgulho.* Em vez de tentar elogiar seu filho com rapidez, descubra do que ele mais gostou na tarefa realizada. "Como você aprendeu a se equilibrar na bicicleta sem as rodinhas de apoio?" ou "Qual foi a parte mais difícil na hora de escrever o relatório?" Incentive a motivação interior de seu filho mostrando como ele foi bem-sucedido.

6. *Mantenha um Diário de Conquistas.* Dê a seu filho um pequeno diário. Pelo menos uma vez por semana, peça a ele que passe alguns minutos escrevendo (ou desenhando) suas conquistas. Explique que a real definição de sucesso é uma palavra chamada ganho. Trata-se de qualquer melhoria, grande ou pequena, que seu filho acredita ter feito. A rotina por si só ajuda a criança, pouco a pouco, a reconhecer que ela mesma é sua melhor guia e incentivadora.

Plano de mudança de comportamento

Comece pensando em sua infância. Seus pais lhe davam recompensas financeiras ou incentivos para uma tarefa bem-feita? Converse com outros pais; eles dão dinheiro aos filhos quando estes tiram notas boas, quando realizam as tarefas, quando se esforçam ou ajudam em casa? Qual é a importância que você acha que essas recompensas têm para melhorar o comportamento das crianças? E o comportamento de seu filho?

> **VOCÊ SABIA?**
> Mary Budd Rowe, pesquisadora da Universidade da Flórida, realizou um estudo clássico com crianças no ensino fundamental que mostrou que os elogios mais animados por parte do professor faziam com que as reações dos alunos fossem mais incertas, com respostas em tom de perguntas: "Hum... doze?" Assim que a professora discordava, a criança geralmente perdia a confiança em sua ideia, e as chances de ela persistir diminuíam diante de tarefas difíceis. O elogio efusivo aumentava a dependência.

Existem determinantes para que sejam usados incentivos comportamentais? Em caso afirmativo, quais? Existe um ponto no qual passamos dos limites oferecendo elogios pelo bom comportamento? Como saber se fomos longe demais? Como estabelecer o limite? Qual é o limite? Escreva onde você está, de modo que possa rever sua posição a qualquer momento.

Agora é hora de entrar em ação para começar a mudar o comportamento de seu filho. Use o Diário de Mudanças para escrever suas ideias e desenvolver um plano.

1. Analise bem o comportamento da criança. Quando se preocupou pela primeira vez com o fato de ele estar viciado em recompensas? Escreva suas preocupações.
2. Como fará seu filho deixar de esperar recompensas sempre que fizer algo que você pedir? Ignorá-lo totalmente talvez não faça sentido, então qual o primeiro passo que pode dar certo? Anote.
3. Como você vai explicar seus novos padrões de comportamento para a criança? Planeje o que vai dizer.
4. Planeje como reagirá da próxima vez que seu filho perguntar: "O que vou ganhar com isso?"
5. Reveja as estratégias e então escolha uma ou duas que gostaria de testar. Pense sobre como vai usar a estratégia com seu filho e escreva seu plano.
6. Continue a usar as estratégias até perceber uma mudança de comportamento.

É claro, existem ocasiões especiais em que você pode mostrar seu reconhecimento dando à criança um presente adequado. E uma vez que presentes não são dados todos os dias, isso será ainda mais valorizado.

➡ Ver também *Atitude materialista, Egoísmo.*

Compromisso de mudança

Como você usará as seis estratégias e o Plano de Mudança de Comportamento para ajudar seu filho a realizar uma mudança de longo prazo? Nas linhas a seguir, escreva exatamente o que você concorda em fazer dentro das próximas 24 horas para dar início à mudança de comportamento de seu filho.

_____

_____

_____

Resultados da mudança

Todas as mudanças de comportamento exigem trabalho árduo, prática constante e reforço dos pais. Cada passo que seu filho dá em direção à mudança pode ser pequeno, por isso tome o cuidado de reconhecer e parabenizar cada um deles. São necessários, no mínimo, 21 dias para que os resultados reais comecem a aparecer, por isso não desista cedo demais. Lembre-se de que, se uma estratégia não funcionar, outra funcionará. Anote o progresso semanal da criança nas linhas a seguir. Faça registros de seu progresso diário no Diário de Mudanças.

SEMANA 1

_____

_____

_____

SEMANA 2

SEMANA 3

COMPORTAMENTO 16

Impulsividade

Estou tão preocupada com minha filha, que está no ensino médio, que não consigo dormir. Ela toma decisões rápidas e impensadas quando está com os amigos. Certa noite, ela estava na casa de uma amiga com outras colegas quando todas decidiram sair de casa à uma da madrugada para ir a uma loja de conveniência comprar refrigerante e revistas. Estou com medo de que ela faça algo muito estúpido e se meta em confusão, prejudicando-se. Ela é inteligente e tira notas excelentes, mas, quando fez 12 anos, seu rendimento começou a cair. O que posso fazer?

– Rebecca, mãe de Shaker Heights, Ohio

Correr atrás de uma bola no meio da rua.
Trombar em um amigo ao sair correndo.
Andar de *skate* em uma ladeira.

> **DICA DE COMPORTAMENTO**
> Você pode ajudar seus filhos a tomar decisões mais inteligentes e seguras, mostrando a eles como parar e pensar em suas escolhas e suas possíveis consequências antes de agir.

O hábito de não saber esperar pode causar resultados negativos duradouros. Em 1960, Walter Mischel, psicólogo da Universidade de Stanford, realizou um teste hoje famoso, o "teste do *marshmallow*". Mischel testou um grupo de crianças de 4 anos, as quais deveriam escolher entre duas opções: comer apenas um *marshmallow* imediatamente ou esperar alguns minutos até que o pesquisador retornasse para, em seguida, ganhar dois doces.

Os pesquisadores da equipe de Mischel fizeram estudos de acompanhamento ao longo dos anos escolares e descobriram que as crianças que, aos 4 anos, tinham sido capazes de esperar, tornaram-se adultos muito mais competentes socialmente. Eram mais eficientes, assertivos e conseguiam lidar melhor com as frustrações. Um terço das crianças que esperaram por mais tempo também conseguiu notas mais altas nos testes escolares de aptidão, obtendo mais pontos nos testes orais e matemáticos do que os adolescentes que não conseguiram esperar quando também tinham 4 anos. Esses resultados mostram claramente a importância de ajudar as crianças a desenvolver a capacidade de lidar com impulsos comportamentais. E, com a amplidão de questões diante de nossos filhos, melhorar esse comportamento pode ajudar até a salvar a vida deles.

Três passos para reduzir a impulsividade

Use os três passos a seguir: 1) pare, 2) pense e 3) aja de modo certo para ajudar seu filho a ser menos impulsivo e a aprender a parar e pensar *antes* de agir. Ajude a criança a se lembrar de tudo isso para se manter longe de confusões.

Passo 1. Pare e fique parado antes de agir

A primeira parte para ajudar seu filho a controlar os impulsos é a mais importante: você deve ajudá-lo a aprender a parar e pensar *antes de agir*. Os segundos em que ele para e *não* age por impulso podem fazer uma grande diferença, principalmente em situações potencialmente estressantes ou perigosas. Não é muito fácil para as crianças aprenderem a parar para pensar, principalmente aquelas que são mais jovens ou mais impulsivas. A princípio, talvez você precise conter seu filho fisicamente, colocando as mãos sobre os ombros dele com delicadeza, porém de modo firme, e dizer: "Pare e fique parado". Faça isso sempre que precisar, até que ele assuma o controle de suas reações.

Você também pode ajudar seu filho a desenvolver uma reação especial que o lembre de parar e ficar parado, como fingir colocar um sinal de "pare" ou um farol vermelho diante dele, ou apenas dizendo "pare e fique parado" mentalmente.

Passo 2: Pense nas possíveis consequências de uma escolha equivocada

O segundo passo para ajudar as crianças a controlar seus impulsos é fazer com que pensem na situação de estresse e nas possíveis consequências de uma escolha errada. A maneira mais fácil de treinar o raciocínio é ensinar seu filho a olhar rapidamente ao redor, ver o que está acontecendo e fazer perguntas do tipo: isso está certo ou errado? É uma boa ideia? Alguém pode se ferir? É seguro? Isso pode me trazer problemas? Até mesmo as crianças pequenas podem aprender esse passo. Seu filho vai precisar de você no começo para se lembrar dessas perguntas, por isso você terá de fazer sempre as mesmas perguntas no começo. Quando ele perceber que você faz as mesmas perguntas frequentemente, vai começar a usá-las dentro da própria mente sem hesitar. Eis quatro estratégias que você pode ensinar a seus filhos para ajudá-los a refletir bem sobre as possíveis consequências de seus atos:

- Peça a ele para fingir ser um vidente. Depois, pergunte-lhe: "O que você vê que poderia acontecer se fizesse isso?"
- Ensine seu filho a perguntar a si mesmo: "Se eu fizesse isso agora, eu me sentiria bem amanhã?" Se a resposta for não, ele não deve fazer o que pensou.
- Ensine a ele uma importante regra de tomada de decisão: "Se não estiver à vontade, não faça". Se ele sentir que pode se arrepender mais tarde por ter tomado uma determinada decisão, deve eliminar essa escolha.
- Se seu filho já for um pouco mais crescido, peça que use a intuição: "Se você sente que não é certo, que não é seguro, que pode ter problemas, é bem provável que isso ocorra. Aja de acordo com sua intuição. Ela não costuma errar".

Passo 3: Ensine seu filho a agir corretamente

Este último passo ajuda a criança a reconhecer que ela própria é a maior responsável por suas ações. Crianças responsáveis não apenas pensam antes de agir, mas também aceitam o que acontece – sem dar desculpas, pôr a culpa nos outros ou buscar justificativas – mesmo que o resultado não seja seguro nem inteligente. A questão é que todas as crianças podem tomar decisões ruins às vezes; a vida é assim. Se seu filho tomou uma decisão errada, use essa oportunidade para ajudá-lo a pensar no que fez de errado para poder tomar uma decisão melhor da próxima vez. Eis algumas perguntas que você pode fazer para ajudá-lo a entender o que aconteceu depois de tomar uma decisão impulsiva:

"O que você queria que tivesse acontecido? Mas o que aconteceu?"
"Em que momento você achou que poderia dar certo?"
"Você pensou em dizer não? O que fez com que você continuasse?"
"O que você pode fazer da próxima vez para que isso não volte a acontecer?"

Plano de mudança de comportamento

Pense no comportamento de seu filho. Faça algumas anotações para ajudar você a desenvolver um plano de mudança. Aqui estão algumas perguntas que devem ser levadas em consideração: O que seu filho faz que você considera impulsivo? Há quanto tempo tem percebido esse tipo de comportamento? Ele demonstra esse comportamento fora de casa? Em caso afirmativo, onde? Por quê? Certas situações ou pessoas incitam essa impulsividade? Por quê? Converse com outras pessoas do convívio dele para ver se as impressões delas têm a ver com as suas.

> **VOCÊ SABIA?**
> Um estudo abrangente realizado pela Corporação Carnegie descobriu que, aos 17 anos, 25% dos adolescentes já "adotaram comportamento prejudicial a eles mesmos e aos outros".

Que estratégias você já testou para ajudar seu filho a controlar seus impulsos? Por que você acha que elas não foram produtivas? Existe algo que você poderia fazer de modo diferente? Escreva.

Agora está na hora de agir para começar a mudar o comportamento de seu filho. Use seu Diário de Mudanças para anotar o que pensa e para desenvolver seu plano:

1. Seu filho é capaz de controlar os próprios impulsos? Se você se preocupa com essa questão, consulte um médico. Mesmo que ele seja diagnosticado com um problema de atenção, ainda assim vai precisar aprender a controlar os impulsos para não depender de remédios.
2. Releia o Passo 1 e escolha uma técnica para ensinar a seu filho. Escreva seu plano no calendário, marcando quando vai começar.
3. Releia o Passo 2 e pense em como você pode usar essas estratégias com seu filho. Planeje exatamente o que vai dizer e fazer, para que quando surgir a oportunidade, você seja capaz de usar a estratégia sem precisar recorrer a este livro.
4. Releia o Passo 3 e pense em uma decisão impulsiva recente de seu filho que você poderia transformar em uma lição. O objetivo não é passar um sermão, mas orientar a criança de modo que ela reconheça em que momento suas ações tomaram um rumo errado, e ajudá-la a pensar bem no que poderia ter feito de forma diferente. Planeje o que vai dizer.
5. Quando ensinar uma estratégia de controle de impulsividade a seu filho, ajude-o a praticá-la muitas vezes, até que se torne um comportamento comum. Só assim você será capaz de usar o método em um momento complicado. Aplique esses momentos de prática em sua rotina diária, e continue até ver que ele consegue usá-los sem sua orientação.

➡ Ver também *Raiva, Ansiedade, Brigas, Influência negativa dos amigos, Baixa capacidade de concentração.*

Compromisso de mudança

Como você usará os três passos e o Plano de Mudança de Comportamento para ajudar seu filho a realizar uma mudança de longo prazo? Nas linhas a seguir, escreva exatamente o que você concorda em fazer dentro das próximas 24 horas para dar início à mudança de comportamento de seu filho.

_____
_____
_____

Resultados da mudança

Todas as mudanças de comportamento exigem trabalho árduo, prática constante e reforço dos pais. Cada passo que seu filho dá em direção à mudança pode ser pequeno, por isso tome o cuidado de reconhecer e parabenizar cada um deles. São necessários, no mínimo, 21 dias para que os resultados reais comecem a aparecer, por isso não desista cedo demais. Lembre-se de que, se uma estratégia não funcionar, outra funcionará. Anote o progresso semanal da criança nas linhas a seguir. Faça registros de seu progresso diário no Diário de Mudanças.

SEMANA 1

_____
_____
_____

SEMANA 2

SEMANA 3

COMPORTAMENTO 17

Intolerância

M eu filho de 11 anos me disse, há pouco, que não quer ter amigos negros. Ele não explicou, e estou totalmente surpreso, porque sempre disse a ele para aceitar as pessoas como elas são. Estou curioso: ele pode ter aprendido esse preconceito na escola ou com os amigos da vizinhança?

– John, pai de dois filhos, San Diego, Califórnia

"As loiras são burras!"
"Todos os judeus são ricos."
"Todos os japoneses são inteligentes."

DICA DE COMPORTAMENTO

A raiva e a intolerância podem ser aprendidas, mas a sensibilidade, a compreensão, a empatia e a tolerância também. Mesmo que nunca seja tarde demais para começar, quanto antes o fizermos, maior será nossa chance de impedir atitudes intolerantes e ruins.

Dados mostram que os jovens demonstram atitudes intolerantes com muita frequência e cada vez mais cedo. Pesquisadores dizem que a maioria dos crimes de ódio é cometida por jovens com menos de 19 anos, e depois do 11 de setembro de 2001, data dos ataques terroristas aos Estados Unidos, relatórios do FBI mostram um grande aumento do índice de racismo contra descendentes de árabes. As crianças não nascem com ódio no coração; elas aprendem a ter preconceito. Para que os filhos vivam de modo harmonioso neste século XXI de multietnias, é essencial que os pais deem o exemplo e incentivem a valorização das diferenças e diversidades.

Quatro passos para acabar com a intolerância

Eis quatro passos que você pode tomar para ajudar a acabar com a intolerância e a influenciar seus filhos a tratar os outros com tolerância.

Passo 1. Aceite a diversidade

A inexperiência e a falta de informação são dois dos motivos mais comuns pelos quais as crianças passam a desenvolver estereótipos ou insegurança em relação a outras pessoas. Incentive seu filho, por menor que seja, a fazer amizade com pessoas de diferentes raças, religiões, culturas, gênero, habilidades e crenças. Exponha-o a imagens positivas – incluindo brinquedos, música, literatura, vídeos e pessoas públicas que sejam bons exemplos – que representem diversos grupos étnicos. Além disso, envolva seu filho em atividades extracurriculares na escola, depois da aula ou em acampamentos de férias, onde a diversidade seja incentivada. Não deixe de ser receptivo com pessoas que representem diversidades positivas, a fim de que a criança imite sua atitude de respeitar as diferenças.

Passo 2. Enfatize as semelhanças

Incentive seu filho a analisar as semelhanças que tem com as outras pessoas, e não as diferenças. Sempre que a criança disser que é muito diferente de outra pessoa, diga: "Certamente todas as pessoas são diferentes umas das outras, mas, por outro lado, têm muitas semelhanças", "Sim, a cor da pele da Gabriela é diferente da sua. Mas ela briga com o irmão, gosta da mãe e do pai, tenta sempre ficar bonita, quer ter amigos que gostem dela, gosta de jogar basquete... igual a você". Ajude-o a ver que as semelhanças pesam mais que as diferenças.

Passo 3. Não aceite comentários discriminatórios

Seu filho pode fazer comentários discriminatório ou piadas preconceituosas. Por exemplo: "Aqueles meninos são um bando de maricas!", "Ei, você conhece aquela piada do português que..." ou "Aqueles alunos asiáticos são todos *nerds*. Entram na faculdade que quiserem!" A maneira com que você reage a esses comentários deixa seus valores claros a seu filho. Ao escutar tais comentários, enfatize seu descontentamento: "Que comentário preconceituoso! Não quero que você o repita!" Seu filho precisa perceber seu desconforto para saber que você faz o que fala. Assim ele aprende como reagir quando alguém fizer comentários preconceituosos perto dele.

Passo 4. Elimine mensagens relacionadas a estereótipos

Uma maneira importante de acabar com o preconceito é ajudar os filhos a entender a maneira como generalizam ao fazer comentários sobre outras pessoas ou grupos. Tenha certeza de que ele preste atenção em comentários generalizantes que ele ou outras pessoas fazem, como "Você sempre...", "Eles nunca..." ou "Todos eles...", porque é provável que uma frase intolerante venha em seguida. Sara Bullard, autora do livro *Teaching Tolerance*, sugere que você diga a seu filho que, quando alguém da família disser uma frase assim, ele deve ser delicado ao lembrar essa pessoa de sua atitude, dizendo algo como: "Preste atenção!" Por exemplo, se um de seus filhos disser: "Os japoneses sempre tiram boas notas", um outro pode dizer: "Preste atenção! Tem um aluno japonês da minha escola que está quase reprovando em matemática!"

Quando souber por que seu filho expressa opiniões tão intolerantes, desafie o preconceito dele com informações mais exatas. Por exemplo, se seu filho disser: "Os mendigos deveriam arrumar um emprego e dormir na própria casa", você pode rebater dizendo: "Os mendigos não conseguem trabalho e casa própria por diversos motivos. Alguns deles são doentes. Outros não conseguem emprego. Casas custam dinheiro, e nem todo mundo consegue pagar por uma casa ou um apartamento".

Plano de mudança de comportamento

Você consegue se lembrar de momentos específicos nos quais seus pais demonstravam intolerância em relação a alguém na sua infância? Quais eram alguns dos preconceitos de seus pais? Eles ainda fazem parte de sua vida hoje? Em caso afirmativo, quais? Reserve um tempo para pensar em como você pode estar projetando esses preconceitos em seu filho. Depois, tome a decisão consciente de lidar com eles de modo que não se tornem os preconceitos de seu filho.

> **VOCÊ SABIA?**
> Gordon Allport, psicólogo de Harvard, estudou as origens da intolerância e publicou os resultados no livro *The Nature of Prejudice*. Ele descobriu que as crianças que se tornam tolerantes costumam ter famílias nas quais três situações prevalecem: grande amor por parte dos pais, disciplina estável e firme e modelos claros de conduta moral. Quando as necessidades das crianças nessas áreas não são satisfeitas, a intolerância encontra espaço.

Quantos amigos de outras culturas e etnias você leva para sua casa ou inclui nas atividades familiares? Você deveria se esforçar mais para aumentar o grupo de amigos? Se concluir que sim, como pretende fazer isso?

Agora está na hora de agir para começar a mudar o comportamento de seu filho. Use seu Diário de Mudanças para anotar o que pensa e desenvolver seu plano:

1. Observe como seu filho trata as outras pessoas que são diferentes dele. Por exemplo, ele demonstra desrespeito ou ansiedade em relação às pessoas por causa das diferenças de raça, religião, orientação sexual, crenças, aparência, idade, gênero,

ou cultura? Ele faz comentários ou piadas que diminuem as pessoas ou que se focam nos aspectos negativos?
2. Observe a cultura de seu filho, preste atenção no que ele assiste, lê e escuta. Preste atenção nas músicas, filmes, *videogames* e programas de TV que possam passar estereótipos negativos. Crie um plano para interromper essa fonte.
3. Releia os Passos 1 e 2. Pergunte a si mesmo como pode expor seu filho a imagens mais positivas que representam diversos grupos étnicos. Encontre maneiras simples de aumentar a exposição de seu filho à diversidade.
4. Releia o Passo 3 e planeje o que fazer quando um parente, colega ou amigo da família fizer um comentário preconceituoso ou repetir uma piada preconceituosa diante de seu filho. Ensaie o que pretende dizer, não importa a quem seja.
5. Releia o Passo 4 e reveja as estratégias para acabar com as mensagens de estereótipos. Pratique a técnica algumas vezes com seu filho e lembre-se, todos os dias, de repassar a estratégia. Procure oportunidades naturais de usar a estratégia ao longo do dia, como enquanto estiver assistindo à TV, lendo com seu filho ou dentro do carro.

Todos os dias, centenas de *sites* surgem na Internet com o objetivo de promover a supremacia racial, o ódio, a intolerância e a agressividade, e as crianças têm fácil acesso a eles. É um bom momento de dizer a seu filho que esses *sites* não representam as ideias de sua família. Em seguida, diga como dói a discriminação. Para garantir, mantenha o computador sempre em local visível, use qualquer controle de acesso que o servidor ofereça e instale *softwares* de proteção a menores que bloqueiem o acesso a conteúdos que disseminem o ódio.

➡ Ver também *Raiva, Crueldade, Influência negativa dos amigos, Comentários maldosos, Falta de educação.*

Compromisso de mudança

Como você usará os quatro passos e o Plano de Mudança de Comportamento para ajudar seu filho a realizar uma mudança de longo prazo? Nas linhas a seguir, escreva exatamente o que você concorda em fazer dentro das próximas 24 horas para dar início à mudança de comportamento de seu filho.

_____

_____

_____

Resultados da mudança

Todas as mudanças de comportamento exigem trabalho árduo, prática constante e reforço dos pais. Cada passo que seu filho dá em direção à mudança pode ser pequeno, por isso tome o cuidado de reconhecer e parabenizar cada um deles. São necessários, no mínimo, 21 dias para que os resultados reais comecem a aparecer, por isso não desista cedo demais. Lembre-se de que, se uma estratégia não funcionar, outra funcionará. Anote o progresso semanal da criança nas linhas a seguir. Faça registros de seu progresso diário no Diário de Mudanças.

SEMANA 1

_____

_____

_____

SEMANA 2

SEMANA 3

COMPORTAMENTO 18

Falta de amigos

Minha filha de 10 anos está sempre reclamando que não tem amigos e que todos os seus colegas de classe são maldosos com ela. Então, eu me ofereci para ir à excursão da escola para ver se as crianças eram mesmo rudes. Observar como ela interagia com eles me fez ver algo totalmente diferente. Ela é mandona, sempre quer as coisas do seu jeito e não faz ideia de como ser amiga. O que posso fazer para ajudá-la?

– Harold, pai solteiro de Fort Worth, Texas

"Por que não fui convidado?"
"Ninguém gosta de mim!"
"O Felipe diz que sou muito mandão!"

DICA DE COMPORTAMENTO

Existem muitos motivos pelos quais uma criança tem poucos ou nenhum amigo. Como pais, podemos ajudá-la a identificar por que não tem amigos e ensinar--lhe habilidades para melhorar sua competência social.

Os amigos desempenham papel muito importante na vida de nossos filhos. Nosso objetivo como pais não deveria ser tentar criar filhos populares, mas ajudá-los a adquirir a confiança de que precisam para lidar de modo bem-sucedido com qualquer situação social. Afinal, boa parte da vida depende disso. A boa notícia é que as habilidades de construção de amizades podem ser aprendidas. Ensinar a seu filho uma habilidade por vez e praticá-la com ele muitas vezes até que ele consiga utilizá-la sozinho pode ajudá-lo a melhorar suas habilidades de fazer amizades.

Quatro passos para ajudar seu filho a fazer amigos

Eis quatro passos que servem como guia para ajudar a melhorar as habilidades de seu filho para fazer amigos e melhorar a capacidade dele de ser um amigo melhor.

Passo 1. Comportamentos que dificultam o desenvolvimento de laços de amizade

Identifique que habilidades seu filho não tem que podem estar atrapalhando-o na hora de fazer amigos ou de ser um bom amigo. Lembre-se de que a capacidade de fazer e manter amizades requer habilidades sociais, e todas são aprendidas. Você pode ensiná-las à criança. A seguir, apresentamos uma lista de comportamentos que costumam ser demonstrados por crianças que precisam desenvolver essa habilidade. Verifique áreas que o deixam preocupado e compare suas anotações com outros adultos que conheçam bem seu filho.

Sinais de que há problemas de amizade:

_____ Não sabe esperar sua vez.

_____ Não sabe perder.

_____ Raramente coopera.

_____ Demonstra pouca sensibilidade com os sentimentos das outras pessoas.

_____ Não tem as habilidades necessárias para participar de uma brincadeira.

_____ É competitivo demais.

_____ É imaturo demais.

_____ É maduro demais.

_____ É possessivo com os brinquedos e não sabe dividir.

_____ Age de modo rude.

_____ Sempre dá desculpas quando perde.

_____ Fica perto demais (ou longe demais) das outras crianças.

_____ É mandão, sempre quer tudo do seu jeito.

_____ Mantém uma expressão triste.

_____ Critica com muita frequência.

_____ Interrompe, nunca escuta ninguém.

_____ Interrompe atividades muito rapidamente.

_____ Não sabe iniciar nem terminar uma conversa.

_____ Não sabe manter uma conversa.

_____ Não sabe participar de um grupo, isola-se.

_____ Não presta atenção no grupo.

_____ Não olha nos olhos.

_____ Para antes de a brincadeira terminar.

_____ Fica chateado e irritado com facilidade.

_____ Fala alto, reclama e ofende.

_____ Muda as regras no meio do caminho.

Passo 2. Escolha e direcione as novas habilidades de fazer amizades

Escolha um ou dois problemas da lista de sinais de alerta e troque-os por habilidades de construção de amizade. Por exemplo, se seu filho é exigente e não assume compromissos, seu objetivo é ensiná-lo como conseguir o que quer, unindo as vontades dele às de outras crianças. Reserve um momento para colocar isso em prática. Converse com ele sobre o motivo de a habilidade ser importante, e então se certifique de que ele possa mostrar a você como aplicar essa habilidade corretamente. Ir com seu filho a um local público, como um parquinho, também ajuda, pois lá ele pode observar outras crianças agindo dessa forma. Ver a habilidade em ação ajuda seu filho a imitá-la, a fim de experimentá-la por conta própria.

Passo 3. Encontre oportunidades de praticar a habilidade e ofereça *feedback*

Simplesmente falar sobre a habilidade com seu filho não basta. Ele precisa colocá-la em prática com os outros. As melhores crianças com as quais seu filho pode praticar são aquelas que ele ainda não conhece e que sejam menores e menos habilidosas. Faça uma sessão de treinamento curta, mantendo-se a uma distância confortável. Avalie qualquer problema que seu filho possa ter no grupo e faça sugestões apenas em particular – *nunca* na frente dos outros. "Como foi?", "O que você disse?", "Como você acha que se saiu?", "O que você faria de diferente da próxima vez?" Não critique o que seu filho não fez; em vez disso, elogie o que ele fez corretamente. Assim que a criança se sentir à vontade com alguma habilidade, estará pronto para aprender outra.

Passo 4. Ofereça melhores oportunidades sociais para seu filho fazer amizades

Os pais podem ajudar os filhos a ter amigos de muitas maneiras. Eis algumas:

- Faça amizade com outros adultos que tenham filhos da mesma idade que o seu.
- Ofereça brinquedos interativos, jogos e equipamentos esportivos.
- Ensine seu filho a incentivar outras crianças. Elas gostam de estar perto de outras que as aceitem e que as tornem mais fortes. Elaborem uma lista de frases de incentivo, do tipo: "Ótima ideia!", "Isso aí!", "Boa tentativa!"
- Mostre a seu filho um novo passatempo, esporte ou atividade que ele possa fazer com outras crianças.

Plano de mudança de comportamento

Comece refletinfo sobre a sua infância. Quem eram seus melhores amigos quando você tinha a idade de seu filho? Você fazia amizades com facilidade? Quais eram algumas das habilidades sociais que você utilizava que o ajudaram a ter e a manter amigos? Onde as aprendeu? Quais habilidades escolares foram as mais difíceis para você aprender? Você acha que hoje em dia as crianças têm mais dificuldade de fazer amizades do que na sua época? Por quê?

> **VOCÊ SABIA?**
>
> Stephen Nowicki Jr. e Marshall P. Duke, psicólogos infantis e autores do livro *Helping the Child who Doesn't Fit In*, acreditam que muitas crianças que querem fazer parte de um grupo, mas não conseguem, têm dificuldades em utilizar a comunicação não verbal. Ou seja, têm dificuldade em passar informações não verbais por meio de expressão facial, postura, gestos, distância interpessoal, tom de voz, roupas e coisas do tipo. A pesquisa de Nowicki e Duke mostra que melhorar as habilidades de comunicação ajuda essas crianças a ganhar aprovação social e diminuir a dor da rejeição social.

Agora está na hora de agir para começar a mudar o comportamento de seu filho. Use seu Diário de Mudanças para anotar o que pensa e para desenvolver seu plano:

1. Analise atentamente as habilidades de seu filho em fazer amizades. Observe como ele interage com colegas quando pensa que você não está observando. Analise-o em diferentes ambientes sociais. Por exemplo, no parquinho, no quintal, em um evento esportivo, na escola, com uma criança ou com um grupo, com colegas mais novos e mais velhos que ele.
2. Observe as crianças que seu filho consideraria queridas pelas pessoas. Observe as habilidades delas de fazer amizades. O que fazem para se tornar populares? Converse com outros pais sobre quais habilidades eles acreditam ser importantes para ajudar as crianças a fazer e a manter amizades.
3. Identifique a habilidade de fazer amizade que seu filho não tem, segundo a lista de Sinais de Alerta. Compare suas anotações com as de outros adultos que conheçam bem seu filho.

4. Escolha uma habilidade de fazer amizade para ensinar a seu filho. Planeje como vai ensaiar e praticar a estratégia e como ele usaria a habilidade com um amigo.
5. Quando ele se sentir confortável o suficiente com a nova habilidade, incentive-o a testá-la com outra criança. Incentive a vontade de fazer amizades e diga a ele que aprender novas habilidades é algo que requer esforço.

➡ Ver também *Controle, Brigas, Influência negativa dos amigos, Timidez, Dedurar, Vítima de provocações.*

Compromisso de mudança

Como você usará os quatro passos e o Plano de Mudança de Comportamento para ajudar seu filho a realizar uma mudança de longo prazo? Nas linhas a seguir, escreva exatamente o que você concorda em fazer dentro das próximas 24 horas para dar início à mudança de comportamento de seu filho.

_____
_____
_____

Resultados da mudança

Todas as mudanças de comportamento exigem trabalho árduo, prática constante e reforço dos pais. Cada passo que seu filho dá em direção à mudança pode ser pequeno, por isso tome o cuidado de reconhecer e parabenizar cada um deles. São necessários, no mínimo, 21 dias para que os resultados reais comecem a aparecer, por isso não desista cedo demais. Lembre-se de que, se uma estratégia não funcionar, outra funcionará. Anote o progresso semanal da criança nas linhas a seguir. Faça registros de seu progresso diário no Diário de Mudanças.

SEMANA 1
_____
_____
_____

SEMANA 2
_____
_____
_____

SEMANA 3
_____
_____
_____

COMPORTAMENTO 19

Mentir e enganar

Tenho um filho de 7 anos que não para de me contar pequenas mentiras, como dizer que levou o lixo para fora ou que ganhou um jogo. Tento conversar com ele sobre as consequências de mentir e digo que mais problemas surgirão em decorrência da mentira que da verdade. Parece que ele me entende, mas volta a acontecer. Alguma sugestão?

— Andy, pai de dois filhos, Des Moines, Iowa

Copiar um texto da Internet para um trabalho escolar.
Dizer que terminou a lição de casa, quando na verdade a perdeu.
Culpar um amigo por uma janela quebrada.

DICA DE COMPORTAMENTO

Nosso papel é explicar para nossos filhos a importância de contar a verdade, de modo que as outras pessoas confiem neles e admirem seu caráter.

Fatos confirmam que mentir e enganar são atos comuns entre os jovens de hoje. Desde 1969, a porcentagem de alunos do ensino médio que admitiram ter colado em uma prova aumentou de 34% para 68%. O plágio entre alunos universitários se tornou tão comum que muitos professores têm de usar um *site* especializado na Internet para checar a validade dos trabalhos. E não acontece apenas com os universitários: os professores dizem que a cola acontece mesmo nas séries iniciais. É claro que crianças pequenas não têm a experiência ou a habilidade cognitiva para compreender que a desonestidade e a mentira são atos errados, mas isso não quer dizer que devemos incentivar esse tipo de atitude. A boa notícia é que os pais desempenham importante papel no incentivo ao comportamento honesto e na consciência de nossos filhos. Utilizemos esse papel de modo inteligente para que nossas crianças se tornem boas pessoas.

Sete dicas para diminuir a desonestidade

Use as dicas a seguir como guia para diminuir as "mentirinhas" de seu filho e ajudá-lo a ser mais honesto:

1. *Espere e exija honestidade.* Os pais de filhos honestos esperam que seus filhos sejam honestos – e até exigem que sejam assim. Não deixe de explicitar sua expectativa em relação à honestidade. "Todos de nossa família devem ser honestos uns com os outros."
2. *Reforce a honestidade.* Certamente devemos dizer a nossos filhos que é importante contar a verdade. Também devemos

mostrar a eles como valorizamos o fato de serem sinceros: "Gosto muito de sua honestidade. Confio em você para dizer a verdade".
3. *Use o questionamento moral.* Fazer as perguntas certas pode ser uma ferramenta importante para melhorar a consciência e a honestidade de nossos filhos. Aqui estão algumas que você pode fazer a seu filho, se ele mentir ou enganar:

"Isso foi o mais certo a fazer?"
"Por que você acha que estou preocupado?"
"Se todo mundo da família (ou da classe) mentisse, o que aconteceria?"
"Se não contar a verdade, como poderei confiar em você?"
"Como se sentiria se eu mentisse para você?"
"Como acha que eu me sinto quando você mente para mim?"

4. *Não exagere quando seu filho contar uma mentira.* Dizer é mais fácil que fazer, mas as crianças costumam mentir para chamar a nossa atenção. Se seu filho mentir, mantenha a calma para poder chegar ao ponto importante: por que ele mentiu e o que ele pretende fazer para remediar a situação.
5. *Ensine a diferença entre realidade e ilusão.* Lide com a "verdade exagerada" de seu filho, explicando-lhe a diferença entre a história real (*realmente* verdadeira) e algo imaginado (que você gostaria que fosse verdade, mas não é). Sempre que suspeitar de que seu filho possa estar mentindo, diga: "Isso é a realidade ou uma ilusão?" Esses termos são menos ameaçadores do que "dizer a verdade", e geralmente a criança admitirá que as frases eram situações inventadas.
6. *Explique por que a desonestidade é algo errado.* Quando seu filho mentir ou enganar, aborde o assunto de uma vez e ajude-o

a guiar sua consciência, explicando-lhe por que aquilo é errado. Não pense que seu filho compreenderá a consequência naturalmente: crianças pequenas, especialmente, não entendem o que está errado. Entre os motivos para ser honesto, estão: a desonestidade pode trazer problemas, as pessoas não vão mais confiar em você, você passa a ter má fama, isso pode se tornar um hábito, isso machuca as pessoas, colar não é justo com os alunos que estudaram.

7. *Estabeleça uma consequência caso o comportamento desonesto se repita.* Se a desonestidade ou a mentira continuarem, é hora de estabelecer uma consequência. As melhores ajudam seu filho a pensar como deve mudar seu mau comportamento. Aqui estão algumas opções: escreva ou desenhe uma carta de desculpas à vítima. Escreva uma redação ou um texto curto discutindo pelo menos cinco motivos pelos quais a desonestidade ou a mentira são ruins (as crianças menores podem chegar a dois motivos). As crianças que colam em provas ou cometem plágio deveriam refazer a tarefa. Se a desonestidade persistir, reserve um tempo sem interrupções para conversar com seu filho (se for preciso, viaje com ele no fim de semana), esforçando-se para tentar entrar em acordo com ele sobre como ele deverá controlar a desonestidade. Depois disso, diga qual será a consequência caso ele volte a mentir: perda de um privilégio ou castigos.

Plano de mudança de comportamento

Pense sobre como você dá o exemplo de honestidade a sua família. Por exemplo, você conta pequenas mentiras? Diz que seu filho tem menos idade para se aproveitar dos descontos para crianças? Você devolve o dinheiro a mais se o caixa lhe der o troco errado? Pede a seu filho para dizer a seu chefe que você não está em casa quando ele telefona? Gaba-se por fraudar o imposto de renda? Escreve um bilhete para justificar a falta de seu filho à aula, afirmando que ele estava doente, quando na verdade ele quis ficar dormindo? Sempre que você conta uma mentira, está dando permissão para que a criança faça a mesma coisa. Se perceber que seu exemplo de sinceridade precisa ser remodelado, o que fará para ser um modelo melhor? Elabore um plano para isso.

Agora está na hora de agir para começar a mudar o comportamento de seu filho. Use seu Diário de Mudanças para anotar o que pensa e desenvolver seu plano:

1. Pense muito bem sobre o comportamento de seu filho. Geralmente, quando a mentira, o roubo, as brigas ou a maldade aparecem de repente, é em razão de sentimentos de rejeição, ciúmes, frustração, mágoa ou raiva em relação a um adulto. Também pode ser medo de ser castigado ou de decepcionar um dos pais. Geralmente, não costuma surtir resultado apenas perguntar a uma criança por que ela está agindo de determinada maneira; ela não costuma saber o motivo de seu comportamento. Por isso, brinque de detetive. Aqui estão algumas perguntas para levar em conta: Quando as mentiras começaram? Sobre o que ele costuma mentir? Para quem ele mente? Para todas as pessoas ou apenas para algumas? Por quê? O que pode estar fazendo seu filho mentir? Escreva o que pensa.
2. Você acha importante seu filho ser honesto? Se você valoriza a honestidade, como vai mostrar a importância disso à criança? Escreva os passos que tomará para ter a certeza de que ela se tornará uma pessoa honesta e de confiança.

3. Repasse as seis primeiras dicas e escolha pelo menos duas. Escreva como planeja usá-las para melhorar o quociente de honestidade de seu filho.
4. Se a criança continuar a mentir, reveja a Dica 7. Converse com outros adultos que conheçam bem o seu filho. Eles estão notando o mesmo padrão? O que sentem é a causa do problema? Crie seu plano de suporte: quais consequências você aplicará da próxima vez que seu filho mentir? Anote o dia e o horário em que você se reunirá com seu filho para explicar-lhe a consequência e pedir-lhe que pare com o comportamento.
5. Se o comportamento persistir, apesar de seus esforços, procure orientação profissional. *Não espere.*

➡ Ver também *Raiva, Cinismo, Impulsividade, Influência negativa dos amigos, Furto.*

VOCÊ SABIA?

Segundo uma pesquisa sobre alunos de ensino médio, 80% dos estudantes de alto desempenho escolar admitiram já ter colado na prova pelo menos uma vez, e metade afirmou não acreditar que colar é errado. Em uma pesquisa recente da revista *U.S. News & World Report*, 84% dos universitários entrevistados acreditavam que é preciso trapacear para ir para a frente no mundo de hoje. Um de cada quatro estudantes afirmou que mentiria em uma entrevista de emprego.

Compromisso de mudança

Como você usará as sete dicas e o Plano de Mudança de Comportamento para ajudar seu filho a realizar uma mudança de longo prazo? Nas linhas a seguir, escreva exatamente o que você concorda em fazer dentro das próximas 24 horas para dar início à mudança de comportamento de seu filho.

_____
_____
_____

Resultados da mudança

Todas as mudanças de comportamento exigem trabalho árduo, prática constante e reforço dos pais. Cada passo que seu filho dá em direção à mudança pode ser pequeno, por isso tome o cuidado de reconhecer e parabenizar cada um deles. São necessários, no mínimo, 21 dias para que os resultados reais comecem a aparecer, por isso não desista cedo demais. Lembre-se de que, se uma estratégia não funcionar, outra funcionará. Anote o progresso semanal da criança nas linhas a seguir. Faça registros de seu progresso diário no Diário de Mudanças.

SEMANA 1

_____
_____
_____

SEMANA 2

SEMANA 3

COMPORTAMENTO 20

Atitude materialista

Nossa filha de 12 anos traz alguma coisa nova do shopping todos os dias, mesmo que não precise daquilo. É como se sua vida girasse em torno do que ela possui e do próximo produto que comprará. Quando algo novo é lançado, ela precisa comprar. As amigas dela agem da mesma maneira. Existe uma forma de torná-la menos materialista, ou vou precisar de mais um emprego?

– Sun-lee, mãe de dois filhos, Miami, Flórida

"Esse é chato. Eu tenho o modelo mais novo."
"Mãe, vou morrer se não tiver um desse!"
"Mas todo mundo tem dois!"

DICA DE COMPORTAMENTO

Temos de convencer nossos filhos de que a identidade deles não tem relação com o que possuem, mas com quem são. Dê um bom exemplo e estabeleça limites bem claros.

As propagandas voltadas para crianças se tornaram muito rentáveis. Pense bem: pesquisas de *marketing* mostram que, em média, as crianças assistem de cinquenta a cem comerciais todos os dias. Além disso, milhões são gastos anualmente em propagandas direcionadas a elas. Esses esforços de *marketing* parecem estar valendo a pena. As crianças não só estão gastando mais como também estão se tornando mais consumistas. Um estudo realizado pela Faculdade de Administração da Universidade Estadual da Pensilvânia mostra que as crianças de hoje estão se tornando mais materialistas, e cada vez mais cedo. A pesquisa não apontou nenhuma diferença entre o nível de materialismo de crianças de 9 e 14 anos. É nosso dever, como pais, fazer com que nossos filhos compreendam que o caráter, a contribuição para com a sociedade e a qualidade dos relacionamentos têm muito mais valor do que qualquer coisa material que possam adquirir.

Sete dicas para acabar com a atitude materialista

Eis algumas dicas para ajudar você a acabar com a atitude materialista e gananciosa de seu filho:

1. *Negue e não se sinta culpado por isso.* Dar a seu filho tudo o que ele quer não ajuda em nada. Afinal, *você* nem sempre consegue tudo o que quer na vida. Por isso, diga "não" com mais frequência e sem culpa. Criar um filho não é um concurso de popularidade e muitas de suas decisões serão detestadas. Mas tem de ser assim. Sua obrigação é criar um ser humano decente, e dar a seu filho tudo o que ele quer não vai ajudar com que essa empreitada seja bem-sucedida.

2. *Ensine-o a priorizar.* Use as decisões de compra de seu filho como oportunidades para ensinar planejamento financeiro e também medidas de controle de desejos. Por exemplo, em festas, aniversários ou épocas de compras de material escolar, peça à criança que faça uma lista dos presentes que pretende ganhar e priorize os pedidos em ordem de preferência. As crianças menores podem fazer desenhos e colocar as opções em ordem de preferência. Estabeleça um limite claro para o número de presentes que seu filho vai ganhar em épocas de festa e aniversário.
3. *Restrinja o uso da TV.* Pesquisas têm mostrado que quanto menos comerciais nossos filhos assistirem, menos materialistas se tornarão. Assim, ajude seu filho a ter consciência dos objetivos de *marketing* das propagandas. Melhor ainda: reduza o tempo dele diante da televisão. Um estudo mostrou que quando crianças começam a reduzir pela metade o tempo que passavam diante da televisão, têm 70% menos chance, em relação a seus amigos, de pedir aos pais algum brinquedo.
4. *Exija que seu filho seja generoso.* Uma das maneiras de frear o apetite consumista de seu filho é exigir que ele doe coisas. Comece fazendo com que sua família escolha uma causa. Por exemplo, reunir cobertores na vizinhança para doar a abrigos; dar parte do dinheiro semanal para crianças carentes; adotar um órfão de alguma instituição de caridade; entregar brinquedos usados (em boas condições) em orfanatos. Assim que sua família decidir qual causa adotará, comprometa-se a cumpri-la. Ou dê a mesada a seus filhos e exija que uma parte dela seja destinada a uma instituição de caridade que eles escolherem.
5. *Incentive os presentes "não comprados".* Comece uma tradição familiar para aniversários e festas: pelo menos um presente de

cada membro da família deve ser feito à mão, e *não comprado*. Esse gesto ajuda as crianças a ver que os melhores presentes são aqueles feitos com sentimentos. As possibilidades são infinitas: cartas, poemas, colagens, pinturas, desenhos, um cartaz que mostre o amor que a criança sente pelo presenteado, ou o compromisso de fazer algo de que o presenteado goste, por exemplo, varrer a garagem, levar o café da manhã na cama, tirar o lixo, lavar o carro, arrancar as ervas daninhas do jardim ou acordar cedo para comprar o jornal.

6. *Ensine seus valores.* Mostre a seus filhos como você valoriza as relações de amor e como o caráter, o trabalho em prol da comunidade e outros valores transcendem o mundo materialista.

7. *Elogie as qualidades dele.* Não se esqueça de reconhecer sempre que seu filho for generoso, bom, carinhoso, atencioso e misericordioso. Assim, você diminui sua atitude materialista.

VOCÊ SABIA?

Uma pesquisa recente realizada pela *Time* descobriu que quase dois em cada três pais sentem que os filhos medem o próprio valor pelas coisas que possuem, mais do que os próprios pais quando tinham a mesma idade.

Plano de mudança de comportamento

Muitos estudos mostram que as crianças são mais materialistas hoje do que no passado. Você concorda? O que pode estar contribuindo para esse aumento do materialismo? As coisas hoje são diferentes em relação ao que eram em sua infância? O que os pais podem fazer para ajudar os filhos a serem menos materialistas?

Um estudo recente mostrou que pais mais materialistas costumam ter filhos mais materialistas. Pense no exemplo que você está dando a seu filho: você é prudente ao lidar com dinheiro ou compra objetos por impulso? Elabore um plano para mudar seu comportamento se for preciso.

Agora está na hora de agir para começar a mudar o comportamento de seu filho:

1. O que pode estar contribuindo para a atitude materialista da criança? Entre as possibilidades, estão: mesada em excesso, parentes extremamente generosos e obtenção fácil de dinheiro, facilitada pelos pais. Relacione possíveis fontes e encontre uma maneira de impedir que elas continuem agindo.
2. Uma de nossas maiores obrigações é ajudar os filhos a aprender a viver de modo independente, e isso quer dizer que eles precisam aprender a lidar com o próprio dinheiro sem nossas contribuições financeiras. Pense bem nesta pergunta: "Estou criando meu filho para que ele tenha responsabilidade financeira?" Se tiver qualquer dúvida, o que vai fazer para ajudá-lo a cuidar de seus gastos? Ele precisa de uma mesada, uma poupança ou uma conta-corrente? Crie um plano para que ele tenha sucesso.
3. Releia as cinco primeiras dicas e escolha aquelas que você quer testar. Anote suas ideias e depois desenvolva um plano.
4. Os amigos influenciam os desejos consumistas das crianças. Se você perceber que a pressão dos amigos está contribuindo para o consumismo de seu filho, ensine a ele habilidades assertivas para dizer "não" e combater a pressão.

5. Releia as Dicas 6 e 7. Como você planeja incentivar certas qualidades e atividades em si mesmo e em seus filhos que reforcem o caráter e a espiritualidade e desestimulem a atitude materialista? Pense em atividades específicas que possam realizar juntos e que incluam serviços à comunidade e construam a identidade por meio do caráter e do comportamento. Faça um plano.

➡ Ver também *Influência negativa dos amigos*, *Falta de educação*, *Egoísmo*.

Compromisso de mudança

Como você usará as sete dicas e o Plano de Mudança de Comportamento para ajudar seu filho a realizar uma mudança de longo prazo? Nas linhas a seguir, escreva exatamente o que você concorda em fazer dentro das próximas 24 horas para dar início à mudança de comportamento de seu filho.

_____
_____
_____

Resultados da mudança

Todas as mudanças de comportamento exigem trabalho árduo, prática constante e reforço dos pais. Cada passo que seu filho dá em direção à mudança pode ser pequeno, por isso tome o cuidado de reconhecer e parabenizar cada um deles. São necessários, no mínimo, 21 dias para que os resultados reais comecem a aparecer, por isso não desista cedo demais. Lembre-se de que, se uma estratégia não funcionar, outra funcionará. Anote o progresso semanal da criança nas linhas a seguir. Faça registros de seu progresso diário no Diário de Mudanças.

SEMANA 1

_____
_____
_____

SEMANA 2

_____
_____
_____

SEMANA 3

_____
_____
_____

COMPORTAMENTO 21

Crueldade

O ntem, em nossa reunião familiar, vi um lado de meu filho de 9 anos de que não gostei nem um pouco. Estávamos sentados ao redor da piscina e todas as crianças estavam nadando, menos meu sobrinho de 5 anos. As crianças não paravam de pedir a ele que pulasse na água, mas ele insistia dizendo que não sabia nadar. E foi então que meu filho saiu, empurrou o primo na piscina e segurou a cabeça dele dentro da água. Imediatamente mergulhei e o tirei de lá. O que me deixou mais irritada foi o fato de meu filho não ter percebido que seu primo ficou muito chateado... o coitadinho estava aos prantos!

– Maria, mãe de dois filhos, Phoenix, Arizona

DICA DE COMPORTAMENTO

Ninguém nasce maldoso. As crianças nascem propensas à empatia e à compaixão, mas, se não incentivarmos essas características, elas podem permanecer adormecidas, e os comportamentos mais egoístas, furiosos e insensíveis podem surgir.

"Não venha sentar do meu lado. Você fede!"
"Ei, gorducho! Você vai quebrar a cadeira!"
"Nem pense em participar da equipe, Júlio. Você nunca vai ter dinheiro para comprar os equipamentos."

Se quisermos que nossos filhos sejam gentis, é importante que eles reconheçam que palavras e atos cruéis causam mágoa. Os pais podem desempenhar um forte papel ajudando os filhos a reconhecer que as atitudes cruéis têm consequências. Uma pesquisa realizada por Nancy Eisenberg, da Universidade do Arizona, descobriu que pais que passam mensagens claras a respeito do impacto que as atitudes que magoam podem ter nos outros costumam criar filhos mais gentis e mais simpáticos. Assim, transforme o comportamento inadequado de seu filho em oportunidades de lhe dar algumas lições, falando bem sobre tudo, de modo que eles compreendam que a falta de gentileza pode causar dor. Mesmo que demore alguns minutos, o tempo será muito bem gasto, porque o processo é uma das melhores maneiras de criar filhos bondosos.

Quatro passos para reduzir o comportamento cruel

Eis quatro passos de disciplina a ser usados para corrigir o comportamento pouco gentil de seu filho e para aumentar a empatia nele.

Passo 1. Foque no comportamento inadequado, não em seu filho

Quando você vir seu filho sendo cruel, chame a atenção dele imediatamente. Não entre na armadilha de passar um sermão sobre a Regra de Ouro (nossos sermões costumam desviar a atenção de nossos filhos). Em vez disso, reserve um tempo para abordar e brevemente descrever as atitudes ruins da criança. Sua mensagem deve ser direcionada *apenas* para o comportamento não gentil, não para a criança. Você deve ficar atento para que ela entenda muito bem qual comportamento inadequado você reprova e por quê. Veja alguns exemplos de como se voltar para o comportamento inadequado:

"Chamar seu primo de 'quatro olhos' foi muito rude. Apelidos desse tipo não são legais, porque a outra pessoa se sente humilhada. Isso é algo que não vou permitir."
"Contar piadas sobre gordos à sua irmã e a chamar de 'baleia' não é legal. Assim, você ri dela, e não com ela. Você não pode fazer provocações para magoar os outros."
"Não perguntar a seu amigo que programa ele queria ver não foi gentil. Você só assiste ao que quer e não pensa no que ele poderia querer ver. Espero que você seja um anfitrião mais atencioso."

Passo 2. Ajude seu filho a compreender os sentimentos da vítima

A parte essencial em ensinar seu filho que agiu de modo cruel é ajudá-lo a entender como suas atitudes afetaram a outra pessoa. Aqui estão algumas perguntas que ajudam as crianças a refletir sobre o impacto que suas ações pouco gentis tiveram nos sentimentos das pessoas:

"Está vendo como seu irmão ficou chateado? Como seu comportamento fez com que ele se sentisse?"
"Você a fez chorar. Como acha que ela se sente?"
"Você viu como ela se sentiu com sua falta de gentileza? Como você se sentiria se alguém fizesse isso com você?"

Passo 3. Ensine um novo comportamento para substituir a atitude rude

Agora faça a seu filho uma pergunta essencial: "Da próxima vez, o que você pretende fazer?" Geralmente, ignoramos esse passo porque pensamos que a criança sabe como se comportar. Não é assim! Já vi muitas crianças repetirem a ofensa porque ninguém se importou em mostrar a elas o comportamento adequado que poderia substituir a atitude ruim. Afinal, a disciplina mais eficiente mostra às crianças como agir corretamente. Portanto, ensine a seu filho um novo comportamento gentil para substituir o errado. Por exemplo: incentive um amigo, peça desculpas, divida ou faça um elogio. Depois disso, ajude a criança a praticar o novo comportamento até que este se torne um hábito.

Passo 4. Dê a seu filho a chance de corrigir o comportamento

Uma parte final da lição de disciplina é ajudar seu filho a assumir a responsabilidade pela atitude cruel, corrigindo o comportamento. A pesquisa de Martin Hoffman revelou que pais que chamam a atenção para o prejuízo causado pelo filho e o incentivam a remediar a situação podem fazer com que ele passe a ter mais consideração e aprenda a ajudar mais. É importante que a criança aprenda que, uma vez maldosa, não tem como desfazer o que foi feito, mas que é possível diminuir o desconforto ou a mágoa que causou, pedindo desculpas, comprando outro objeto para substituir algum que tenha quebrado ou fazendo algo positivo para a parte lesada. E, acima de tudo, deixe claro para seu filho que não vai tolerar um comportamento cruel e maldoso.

Plano de mudança de comportamento

Estudos mostram que tem crescido o número de crianças com comportamento maldoso. O que você acha que está aumentando esse índice? Especialistas dizem que as crianças não nascem cruéis, mas aprendem a se comportar desse modo. Onde estão aprendendo a ser assim? Você já foi cruel com seus filhos?

VOCÊ SABIA?

A realidade do aumento do número de crianças malvadas é assustadora. Um estudo patrocinado pelo Centro de Controle de Doenças descobriu que 80% dos alunos em uma escola de ensino médio admitiram ter sido cruéis com seus colegas de classe no mês anterior. Esse fato dá base a outros relatórios, incluindo um que descobriu que 75% dos adolescentes tinham sido tratados de modo cruel nos anos escolares.

Seus filhos já o viram sendo cruel com seu cônjuge, família ou amigos? O que os pais podem fazer para reduzir os fatores que podem estar aumentando os comportamentos ruins? O que você pode fazer para incentivar seu filho a ter compaixão? Faça uma lista de ideias e escolha uma que possa pôr em prática.

Agora está na hora de agir para começar a mudar o comportamento de seu filho. Use seu Diário de Mudanças para anotar o que pensa e para desenvolver seu plano:

1. Pense no que pode estar causando o comportamento cruel de seu filho. Quando você começou a se preocupar com ele? O que o deixou preocupado? Agora identifique as pessoas com quem ele adota esse comportamento. Por exemplo, com você, seu parceiro, irmãos, amigos, adultos, crianças menores, animais de estimação, crianças da vizinhança. Converse com outras pessoas que conheçam bem o seu filho e que possam observar esse comportamento em ambientes sociais distintos. Faça anotações.
2. Releia a lista de motivos pelos quais as crianças se tornam cruéis. Alguns deles pode estar fazendo com que seu filho aja de modo inadequado? Quando determinar a causa do comportamento cruel, faça um plano para corrigi-la.

Motivos comuns que levam uma criança a ser cruel

_____ *Falta de empatia*. Talvez ele não compreenda como uma pessoa se sente em função de sua crueldade.

_____ *Baixa autoestima*. Ele se sente desvalorizado, por isso humilha outras pessoas.

_____ *Necessidade de se rebelar*. Ele sofre provocações e quer "descontar".

_____ *Desejo de ser incluído*. Para entrar em determinado grupo, ele humilha quem é de fora.

_____ *Falta de habilidade para resolver problemas.* Sem saber como resolver conflitos, ele recorre a palavrões.

_____ *Ciúmes.* Ele tem ciúmes de outra criança, por isso a humilha para se sentir melhor em relação a si mesmo.

_____ *O modo como é tratado.* Ele é tratado de modo pouco gentil, por isso imita os mesmos comportamentos pouco gentis.

_____ *Desejo de ter poder sobre alguém.* A provocação faz com que ele se sinta superior.

_____ *Não há expectativas de que ele seja gentil.* Ninguém diz a ele que a crueldade não é permitida.

_____ *Habilidades sociais ruins.* Ele não conhece as habilidades necessárias para ter um bom relacionamento com as pessoas – cooperar, negociar, comprometer-se, incentivar, ouvir – e, assim, humilha outra criança.

3. Repasse os quatro passos para corrigir o comportamento ruim. Pense no comportamento inadequado mais recente que seu filho demonstrou. Como você teria aplicado as medidas para corrigir o comportamento dele?
4. Pense bem sobre o que vai fazer e dizer da próxima vez em que seu filho for pouco gentil. Como vai aplicar as medidas para transformar esse comportamento? Faça algumas anotações para ajudá-lo a se lembrar de como vai aplicar a disciplina de modo mais eficiente para acabar com esse comportamento.

➡ Ver também *Raiva, Autor de* Bullying, *Cinismo, Intolerância, Falta de amigos, Comentários maldosos, Falta de educação, Egoísmo.*

Compromisso de mudança

Como você usará os quatro passos e o Plano de Mudança de Comportamento para ajudar seu filho a realizar uma mudança de longo prazo? Nas linhas a seguir, escreva exatamente o que você concorda em fazer dentro das próximas 24 horas para dar início à mudança de comportamento de seu filho.

_____
_____
_____

Resultados da mudança

Todas as mudanças de comportamento exigem trabalho árduo, prática constante e reforço dos pais. Cada passo que seu filho dá em direção à mudança pode ser pequeno, por isso tome o cuidado de reconhecer e parabenizar cada um deles. São necessários, no mínimo, 21 dias para que os resultados reais comecem a aparecer, por isso não desista cedo demais. Lembre-se de que, se uma estratégia não funcionar, outra funcionará. Anote o progresso semanal da criança nas linhas a seguir. Faça registros de seu progresso diário no Diário de Mudanças.

SEMANA 1

_____
_____
_____

SEMANA 2

SEMANA 3

COMPORTAMENTO 22

Influência negativa dos amigos

M inha filha de 11 anos foi flagrada furtando doces do armário da professora com outras duas amigas. Tenho receio de que ela seja tão influenciável a ponto de fazer qualquer coisa que os outros façam. Quando ela for maior, as tentações não serão mais os doces, mas sexo, álcool e drogas. Como posso ajudá-la a fazer o que sabe que é certo e não ser levada pela pressão dos amigos?

– Ruth, mãe de três filhas, Savannah, Georgia

Furto.
Mentiras.
Drogas e álcool.
Promiscuidade.
Violência.

> **DICA DE COMPORTAMENTO**
> Resistir à pressão dos amigos fica cada vez mais difícil conforme a criança cresce. Devemos dar a nossos filhos fortes valores e identidade pessoal desde cedo, de modo que eles possam atravessar a tempestade da influência negativa dos amigos.

As pressões dos amigos que nossos filhos têm de enfrentar hoje em dia são enormes. É claro que sempre esperamos que eles sejam capazes de dizer não a essas influências negativas, mas costuma ser difícil fazer isso, porque essas escolhas nem sempre são bem-aceitas pelos colegas. A verdade é que é preciso ter valores muito sólidos para não se deixar influenciar pelos outros. Precisamos ajudar nossos filhos a construir o caráter para afastar as pressões negativas e depois ensinar a eles habilidades específicas de assertividade. Só assim conseguirão se impor diante de seus colegas.

Seis estratégias para resistir à influência negativa dos amigos

Eis seis estratégias que você pode ensinar a seu filho para que ele enfrente a influência negativa dos amigos.

1. *Imponha-se com confiança física.* Ensine seu filho a defender suas crenças e a não se retrair, adotando uma postura confiante: ele deve se colocar em pé com as pernas levemente separadas, cabeça erguida e olhando a pessoa diretamente nos olhos. Enfatize que a postura que ele assume costuma ser mais importante que o que ele diz.
2. *Diga "não" de modo firme.* Quando seu filho decidir não fazer o que estão pedindo que ele faça, oriente-o para que mantenha sua opinião com um tom de voz firme e determinado e para que *não ceda*. Lembre a ele que a tarefa dele é não tentar mudar a opinião da outra pessoa, mas se manter longe de problemas, seguindo as coisas nas quais acredita.

3. *Diga tchau e saia.* Enfatize que não é fácil se impor diante de um amigo. Diga que pode ser que ele tenha de enfrentar intimidação, provocações ou rejeição por ter escolhido o caminho que escolheu, mas ter coragem envolve isso. Às vezes, a melhor opção é se afastar da situação. Determine uma política com seu filho de que, sempre que ele se sentir inseguro em uma situação, deve telefonar, e você concordará em buscá-lo sem fazer qualquer pergunta.
4. *Dê uma desculpa razoável.* Seu filho pode dar uma desculpa ao colega. "Eu disse a meu pai que iria para casa", "Tenho lição para fazer" ou "Prometi a meu amigo que iria à casa dele". Diga a seu filho que ele pode usar os pais como desculpa: "Minha mãe vai me deixar de castigo para sempre se eu fizer isso!"
5. *Repita sua decisão.* Diga a seu filho que, às vezes, ajuda se ele repetir a decisão tomada diversas vezes, como um disco riscado. "Não, isso não está certo", "Não, isso não está certo". Assim, ele vai soar assertivo e será mais fácil se manter firme na decisão.
6. *Dê motivos.* Pensar nas possíveis consequências da escolha ajuda a fortalecer as convicções da criança para que ela não aceite fazer o que estão lhe pedindo. Por isso, peça a seu filho que dê à pessoa o motivo pelo qual está dizendo não: "É ilegal", "Vou ficar de castigo se fizer isso" ou "Posso acabar me machucando".

Plano de mudança de comportamento

Pense em sua infância. Que tipos de influência por parte dos amigos você sofreu? E na adolescência? Como seus pais lidaram com isso? Como você lidou com isso? Foi uma reação bem-sucedida? Você reagiria de modo diferente agora? Você já pressionou seus amigos para que fizessem algo que não quisessem fazer? Qual foi a reação deles?

> **VOCÊ SABIA?**
> Uma pesquisa com 991 crianças de 9 a 14 anos revelou fatos preocupantes sobre a influência dos amigos: 36% dos estudantes entrevistados se sentiam pressionados pelos amigos a fumar maconha, 40% se sentiam pressionados a fazer sexo, 36% se sentiam pressionados a cometer pequenos furtos, e quatro a cada dez alunos da sexta série se sentiam pressionados a beber.

Agora pense nas crianças de hoje. O que acontece hoje que é diferente da sua época? Você acha que a pressão hoje em dia é maior, igual ou menor? Por quê? Que tipos de pressão você acredita que seu filho enfrenta com os amigos? De quais tipos você tem mais receio? E lembre-se de que a pressão por parte dos amigos pode ser positiva – por exemplo: uma competição saudável, modelos de conduta inspiradores, estímulo para novas ideias.

Converse com outros pais e descubra com quais tipos de pressão eles se preocupam. Você tem as mesmas preocupações? Eles estão fazendo algo para ajudar os filhos a resistir a essa pressão?

Agora está na hora de agir para começar a mudar o comportamento de seu filho. Use seu Diário de Mudanças para anotar o que pensa e para desenvolver seu plano:

1. A melhor maneira pela qual os filhos aprendem a resistir à pressão negativa dos colegas é observando como nos compor-

tamos. Pense sobre o exemplo de assertividade que você tem dado a seu filho. Por exemplo, o que você faz quando um colega de trabalho pede a você que minta ao chefe, dizendo que ele está muito doente, apenas porque ele pretende passar o dia fazendo compras? Ou o que você faz quando um vizinho pede a você para assinar um abaixo-assinado para impedir que um determinado imóvel seja vendido a um casal negro? Como você pode mudar seu comportamento diário de modo que seu filho veja como ser assertivo e respeitoso ao mesmo tempo? Escreva suas ideias.

2. Converse com seu filho sobre as pressões por parte dos amigos. Você pode começar assim: "Você já se sentiu pressionado por um amigo a fazer algo que não queria fazer? Como lidou com isso? Deu certo?" Explique que, em muitos momentos, os amigos podem pedir que ele faça coisas que não queira fazer. Enfatize que, mesmo sendo difícil, ele não deve ter medo de defender seus valores. Não se esqueça de falar sobre valores com seu filho frequentemente, de modo que ele tenha uma consciência firme e saiba em que a família acredita.

3. Identifique uma questão que seu filho talvez tenha de enfrentar agora ou no futuro. Por exemplo, colar em uma prova, praticar pequenos furtos, passar as respostas da lição de casa, usar drogas, ver material pornográfico, beber, sair de casa de madrugada, fumar ou correr riscos desnecessários.

4. Reanalise as seis estratégias assertivas com seu filho. Planeje ensiná-las a ele nos próximos dias.

5. Pratique cada estratégia com a criança utilizando questões de pressão dos amigos com as quais ela talvez tenha de lidar. Veja alguns exemplos para encenar:

- Um amigo quer que você vá a uma loja e roube com ele. Se você não fizer isso, ele afirma que vai deixar de ser seu amigo.
- Você está fazendo uma prova e um colega de sala quer que você passe cola para ele.
- Você e outros amigos estão dormindo na casa de um deles. Eles querem sair escondidos para ir beber no parque.

Interpretem os papéis, intercalando quem é o amigo e quem está sendo pressionado, de modo que seu filho possa observar como você usa a estratégia e, assim, possa defender suas opiniões.

➡ Ver também *Controle, Cinismo, Mentir e enganar, Atitude materialista, Timidez, Furto*.

Compromisso de mudança

Como você usará as seis estratégias e o Plano de Mudança de Comportamento para ajudar seu filho a realizar uma mudança de longo prazo para combater a pressão negativa por parte dos colegas? Nas linhas a seguir, escreva exatamente o que você concorda em fazer dentro das próximas 24 horas para dar início à mudança de comportamento de seu filho.

_____
_____
_____

Resultados da mudança

Todas as mudanças de comportamento exigem trabalho árduo, prática constante e reforço dos pais. Cada passo que seu filho dá em direção à mudança pode ser pequeno, por isso tome o cuidado de reconhecer e parabenizar cada um deles. São necessários, no mínimo, 21 dias para que os resultados reais comecem a aparecer, por isso não desista cedo demais. Lembre-se de que, se uma estratégia não funcionar, outra funcionará. Anote o progresso semanal da criança nas linhas a seguir. Faça registros de seu progresso diário no Diário de Mudanças.

SEMANA 1

_____
_____
_____

SEMANA 2

_____
_____
_____

SEMANA 3

_____
_____
_____

COMPORTAMENTO 23

Perfeccionismo exagerado

Não sei muito bem como descrever o problema da minha filha. O melhor termo que posso usar é "paralisada pelo medo de falhar". Ela tem 12 anos e se preocupa demais em fazer tudo com perfeição. Se não responde a todas as questões da prova corretamente e comete um erro (o que raramente acontece), ela se considera um fracasso. Não consigo nem imaginar o que vai acontecer quando ela aparecer com o primeiro 8 no boletim.

– Greg, pai de dois filhos, Boise, Idaho

"Não acredito que fui tão idiota!"

"Nunca vou ser tão bom quanto ela em ciências!"

"Como fui errar daquele jeito no recital, nunca mais vou tocar piano em público."

DICA DE COMPORTAMENTO

Não há problema algum em cometer erros em casa, e essa mensagem deve ser enfatizada muitas vezes: "Todo mundo erra. Não se preocupe com seus erros. Pense no que fará de diferente da próxima vez".

É errando que se aprende e, principalmente, é assim que as crianças pequenas aprendem. Infelizmente, muitas crianças (e adultos!) nunca compreenderam a importância de errar. É importante que todos aprendam a se erguer depois de pequenas e grandes derrotas. Pessoas bem-sucedidas não permitem que os imprevistos as derrubem; simplesmente encontram novos caminhos para o sucesso. As crianças precisam perceber que os erros não precisam significar fracassos, mas podem ser oportunidades de aprendizado disfarçadas.

Seis estratégias para reduzir o perfeccionismo exagerado

Use as seguintes estratégias como guia para ajudar seu filho a se recuperar de algum fracasso:

1. *Permita que os erros ocorram.* Precisamos dar a nossos filhos a permissão para falhar e ajudá-los a reconhecer que os erros podem ser experiências positivas de aprendizado. Assim, faça com que os erros sejam aceitos normalmente em sua casa. Sempre diga: "Não há problema em cometer um erro".
2. *Mostre aceitação.* Sempre que seu filho cometer um erro, mostre apoio com palavras e reações não verbais. A maneira mais fácil de ensinar nossos filhos a apagar a ideia de que errar é fatal é fazê-los sentir nossa aceitação aos erros deles.
3. *Nada de gritar, humilhar, criticar, julgar, culpar ou ridicularizar.* Ninguém (principalmente as crianças!) gosta de cometer erros, e as pessoas detestam ser lembradas deles.
4. *Não chame de erro!* Um comportamento comum de crianças que se recompõem depois de um erro é não se deixarem abater

por ele. Na verdade, elas costumam chamar os erros de outras coisas (imprevisto, escorregão, lapso), de modo que não fiquem desestimuladas no meio do processo de aprendizagem. Ajude seu filho a criar uma palavra para dizer a si mesmo sempre que se deparar com um erro. Qualquer palavra serve: apenas o ajude a praticar dizendo-a várias vezes, de modo que se lembre de usá-la quando cometer um erro.

5. *Ensine-o a lidar com as dificuldades.* Transforme seus erros em lições de sucesso para seu filho, dando o exemplo de como você lida com os erros. Em primeiro lugar, diga a ele qual foi seu erro. Depois, diga o que aprendeu. Aqui está a fórmula: "Meu erro foi...", "Eu aprendi... com meu erro". Por exemplo: "Eu errei na receita do bolo. Da próxima vez, vou ler a receita antes e me lembrar de acrescentar os ovos", "Tive de refazer um relatório inteiro no trabalho hoje porque esqueci o documento em meu computador. Da próxima vez, vou me certificar de que o estou levando comigo".

6. *Ensine uma afirmação.* Ajude seu filho a aprender a dizer a si mesmo que se recupere de uma derrota. Por exemplo: "Não precisa ser perfeito", "É normal cometer um erro", "Consigo mudar isso", "Todo mundo erra". Quando ele escolher uma dessas afirmações, ajude-o a praticar dizendo a mesma frase em voz alta diversas vezes por alguns dias. Quanto mais ele escutá-la, maior será a chance de se lembrar dela e de utilizá-la.

Plano de mudança de comportamento

Como você lidava com o fracasso e com a derrota na infância? Você percebe os mesmos comportamentos em seu filho? As crianças adoram saber que seus pais cometiam erros quando eram pequenos. Você conta a seu filho sobre seus fracassos? Pense em fazer isso. Você aprendeu alguma estratégia que o ajudava a se reerguer? Qual? Onde a aprendeu? Já mostrou alguma dessas estratégias a seu filho? Se não fez isso, pense em como pode começar. Escreva suas ideias e seu plano.

> **VOCÊ SABIA?**
>
> Harold Stevenson, professor de psicologia da Universidade de Michigan, procurou responder a uma pergunta feita por muitas pessoas: "Por que os alunos asiáticos costumam ter melhor desempenho acadêmico que os outros?" Depois de passar centenas de horas observando alunos e entrevistando professores nos Estados Unidos e na Ásia, os pesquisadores chegaram a uma conclusão: um dos segredos está na ênfase dada pelos pais ao aprendizado. Os pais asiáticos enfatizam muito o valor da perseverança e de não permitir que os erros estraguem os esforços. E, de modo geral, as crianças asiáticas estudavam mais tempo e com mais afinco, porque sabiam que o sucesso depende do esforço. Também reconheciam que os erros são inevitáveis e os usavam como uma maneira de melhorar o desempenho. Os pais norte-americanos, no entanto, davam ênfase ao produto final: à nota que seus filhos conseguiam. O resultado foi que os pesquisadores descobriram que as crianças nos Estados Unidos tinham menor capacidade de atenção, desistiam com mais facilidade, costumavam ser mais perfeccionistas e não compreendiam a importância de aprender com os erros.

Agora está na hora de agir para começar a mudar o comportamento de seu filho. Use seu Diário de Mudanças para anotar o que pensa e desenvolver seu plano:

1. Pense no comportamento de seu filho. Ele *sempre* demonstrou comportamento com excesso de perfeccionismo? Em caso negativo, quando você percebeu essa atitude pela primeira vez? Por que acha que ela só surgiu naquele momento? Quais fatores podem ter causado isso? Escreva suas ideias.
2. Pense para chegar à conclusão de quais circunstâncias aumentam a tendência ao perfeccionismo de seu filho. Seja específico. Por exemplo, não diga "escola" se nem todos os assuntos relacionados à escola preocupam seu filho; talvez sejam apenas as provas de matemática ou de ortografia que o perturbem. Faça uma lista das áreas que costumam causar o medo em seu filho de cometer erros. Agora, releia a lista para ver se existe um padrão. Você pode descobrir que seu filho está preocupado em ser o melhor apenas diante de um grupo ou que está sempre tirando uma nota excelente em todas as provas. Há alguma coisa que você possa fazer para aliviar as preocupações dele, ajudando-o a se esforçar apenas pela diversão ou a perceber que até as pessoas mais inteligentes aprendem com seus enganos e falhas? Escreva seus pensamentos.
3. Reveja as estratégias. Escolha duas para testar com seu filho. Anote seus planos.
4. Como você costuma reagir aos erros de seu filho? As seguintes reações são muito ruins: gritar, ridicularizar, criticar, julgar ou dizer "Eu não disse?", "Eu avisei!". Agora analise como seu filho responde à sua reação. O que você pode fazer para mudar sua reação de modo que ela seja mais positiva e menos crítica? Escreva o que pretende dizer da próxima vez que seu filho cometer um erro ou temer o fracasso. Possibilidades:

- Concentre-se no que ele está tentando conseguir: "Como você gostaria que isso terminasse?"

- Reafirme sua crença nele: "Sei que você consegue. Aguente firme!"
- Incentive uma nova tentativa: "Só porque não é fácil, não quer dizer que você não é bom nisso".

➡ Ver também *Ansiedade, Facilidade em desistir, Vício em recompensas, Falta de espírito esportivo.*

Compromisso de mudança

Como você usará as seis estratégias e o Plano de Mudança de Comportamento para ajudar seu filho a realizar uma mudança de longo prazo? Nas linhas a seguir, escreva exatamente o que você concorda em fazer dentro das próximas 24 horas para dar início à mudança de comportamento de seu filho.

_____

_____

_____

Resultados da mudança

Todas as mudanças de comportamento exigem trabalho árduo, prática constante e reforço dos pais. Cada passo que seu filho dá em direção à mudança pode ser pequeno, por isso tome o cuidado de reconhecer e parabenizar cada um deles. São necessários, no mínimo, 21 dias para que os resultados reais comecem a aparecer, por isso não desista cedo demais. Lembre-se de que, se uma estratégia não funcionar, outra funcionará. Anote o progresso semanal da criança nas linhas a seguir. Faça registros de seu progresso diário no Diário de Mudanças.

SEMANA 1

_____
_____
_____

SEMANA 2

_____
_____
_____

SEMANA 3

_____
_____
_____

COMPORTAMENTO 24

Falta de espírito esportivo

Assisti ao campeonato de futebol de meu enteado e fiquei assustado com seu comportamento. Ele joga muito bem, mas, durante o jogo, eu o vi reclamar por causa das regras, justificar seus erros com desculpas e culpar a todos pela derrota da equipe. Se ele continuar agindo assim, ninguém vai querer estar no time dele, independentemente de suas boas habilidades. Como posso mudar esse comportamento?

— Tony, padrasto de cinco enteados, Evanston, Illinois

"O juiz é um idiota."
"O treinador não me deu mais uma chance."
"Sou melhor do que a Ana. Por que ela sempre consegue mais pontos?"

DICA DE COMPORTAMENTO

Qualquer situação competitiva exige honestidade, capacidade de saber perder, comprometimento, cooperação e empatia. Como pais, devemos dar o exemplo e ajudar nossos filhos a desenvolver essas características.

Um dos momentos mais humilhantes para os pais é ver o filho agir como alguém que não sabe perder. Sim, ele pode ser o melhor atleta, o melhor cantor do coral ou o melhor aluno da sala, mas quando começa a reclamar, a roubar e a mudar as regras em benefício próprio, suas habilidades deixam de ser o ponto principal. Seu caráter passa a ser a questão. Alguns de nós não sabemos dar o exemplo para que a criança tenha bom comportamento na hora de participar de jogos. Além do exemplo ruim, a ênfase na vida dos filhos hoje – desde entrar na escola infantil certa até conseguir vaga em uma boa universidade – costuma estar voltada apenas para vencer, vencer e vencer a qualquer custo. Assim, aumenta a necessidade de dar o exemplo de uma boa atitude, de saber perder. E precisamos melhorar esse aspecto de nosso comportamento também.

Cinco passos para acabar com a falta de espírito esportivo

Use os passos a seguir para ajudar seu filho a saber perder:

Passo 1. Identifique o que é ter espírito esportivo

O primeiro passo para melhorar a atitude de seu filho é avaliar que comportamentos precisam ser melhorados. Use a lista de princípios em competições a seguir para fazer uma boa avaliação:

Princípios do espírito esportivo
_____ Leva o jogo a sério, sem brincadeiras.
_____ Compartilha materiais, não se mostra possessivo.
_____ Espera sua vez.

_____ Aceita críticas.
_____ Incentiva os colegas, não critica seus erros ou habilidades.
_____ É modesto, não se exibe.
_____ Mantém-se positivo, não incentiva nem vaia os erros dos outros.
_____ Evita discutir com árbitros, diretores, professores, outros adultos ou amigos.
_____ Parabeniza os adversários.
_____ Respeita as regras, não tenta mudá-las no meio do caminho nem burlá-las.
_____ Não abandona o jogo no meio e não se afasta por estar irritado ou cansado.
_____ Aceita perder, não chora, não reclama e não dá desculpas.
_____ Procura melhorar o desempenho.

Passo 2: Ensine a ele os princípios do espírito esportivo

Escolha um dos princípios da lista apresentada. Comece pedindo a seu filho que explique como ele o usaria. Ensaie o princípio algumas vezes em casa e depois encontre oportunidades para que seu filho o utilize no ensaio de uma peça, em uma competição em sala de aula ou em uma atividade esportiva. Ao fim do dia, avalie como se deu a situação: "Como as outras crianças reagiram? O que você vai fazer da próxima vez?" Continue ensinando novos princípios conforme a situação permitir.

Passo 3. Ensine seu filho a incentivar os colegas

Quem sabe perder, sabe incentivar os colegas. Uma maneira de ajudar seu filho a ser mais incentivador é ensinando a Regra dos

Dois Elogios: você precisa elogiar os colegas pelo menos duas vezes antes de o evento terminar. Converse sobre alguns comentários incentivadores ou ações que ele pode incluir em seu repertório – como "Que ótima canção!", "Legal", "Ótimo lance!" – e ensine-o a cumprimentar os outros. Continue aumentando a lista conforme as oportunidades forem aparecendo. Depois, sugira que ele pratique a regra em qualquer atividade em grupo – um jogo, uma reunião de escoteiros, na casa de um amigo ou na escola – e também em casa.

Passo 4. Corrija a atitude ruim imediatamente

Quando seu filho demonstrar uma atitude errada, chame-o de canto para corrigir a atitude no mesmo instante. "Escutei que você culpou outras pessoas por seu erro", "Você está discutindo com o juiz", "Você não está permitindo que as pessoas participem." Certifique-se de que ele saiba como corrigir o comportamento. Se seu filho demonstrar uma atitude agressiva ou não civilizada, como gritar, bater ou mentir, retire-o imediatamente da atividade. Explique que ele precisa ser atencioso em relação aos sentimentos dos outros; se ele não for, não vai poder participar.

Passo 5. Jogue com seus filhos

Uma das melhores maneiras de ensinar seu filho a se comportar em uma atividade competitiva é jogar com ele. Comece avaliando as regras, depois diga a seu filho que ele deve se ater a elas: "Quem sabe perder não reclama das regras. Deve entendê-las desde o início e cumpri-las, mudando-as apenas se todos concordarem. Também leva o jogo a sério e não desiste no meio". Depois disso, peça a seu filho que sele o compromisso com um aperto de mão. Tirem cara ou coroa para ver quem começa. Enquanto jogam, cometa alguns erros propositalmente. Em vez de dar desculpas, dê o exemplo de como lidar com os erros. "Puxa! Eu não prestei atenção!" ou "Nossa! Nessa você me pegou!" E, quando houver dúvida em relação a quem deve jogar, sugira decidir na moeda, para fazer tudo de modo justo. Você pode até perder o jogo – de propósito, é claro –, mas seja sutil o bastante para que seu filho não perceba. Mostre a ele como perder com elegância: "Foi um ótimo jogo. Vamos repetir amanhã". Depois, cumprimentem-se, apertando as mãos.

VOCÊ SABIA?
A Associação Nacional de Árbitros contou recentemente à Associated Press que recebe de dois a três telefonemas por semana de juízes ou árbitros que foram agredidos por um pai ou espectador. As reclamações envolvem desde xingamentos a pais que tentam bater no carro do juiz na rua. Os programas de esportes juvenis andam tão preocupados com o aumento da violência nas competições que estão começando a exigir que os pais assinem termos de boa conduta enquanto participam dos jogos dos filhos. Como os adultos demonstram espírito esportivo aos filhos?

Plano de mudança de comportamento

Pense a respeito de como seu filho pode estar aprendendo a não ter espírito esportivo. Como você e seu parceiro dão o exemplo? Vocês gritam com técnicos e juízes? Reclamam para seu filho dos professores dele? Vibram quando o adversário dele se machuca? O exemplo de adultos e de outras crianças pode estar influenciando o comportamento dele? Em caso afirmativo, o que você pode fazer para dar melhores exemplos de espírito esportivo? Trace um plano.

Agora está na hora de agir para começar a mudar o comportamento de seu filho. Use seu Diário de Mudanças para anotar o que pensa e desenvolver seu plano:

1. Analise com seriedade por que seu filho pode estar demonstrando pouco espírito esportivo. Por exemplo, ele não aprendeu boas atitudes de comportamento, ou existem outros fatores atrapalhando? Relacionei possibilidades para ajudá-lo a pensar nos motivos. Depois de determinar o que pode estar ocorrendo, pense no que fará para consertar as coisas:

Motivos para a falta de espírito esportivo

_____ Pouca capacidade de manter a atenção, impulsividade.

_____ Não gosta do jogo – é algo que *você* quer que ele faça.

_____ Poucas habilidades atléticas.

_____ A orientação dada pelo técnico é muito ruim, negativa, competitiva ou beneficia os favoritos.

_____ Baixa autoestima.

_____ Medo de perder ou de cometer erros.

_____ Preocupação excessiva em vencer (por parte dos pais, do filho ou do técnico).

2. Reanalise o Passo 1. Observe a atitude de seu filho em competições, como eventos esportivos, brincadeiras na escola ou

na vizinhança. Dica: Faça isso sem que ele saiba que você está observando. Anote os comportamentos que você percebe que precisam ser melhorados. Utilize-os como um manual.
3. Repasse o Passo 2 e anote quais princípios você pretende melhorar em primeiro lugar. Pense sobre como vai ensinar a regra e quando vai começar.
4. Repasse o Passo 3. Como você vai ajudar seu filho a aprender a Regra dos Dois Elogios? Como pode usar a regra com sua família?
5. Repasse o Passo 4. Da próxima vez que seu filho demonstrar pouco espírito esportivo, como você reagirá?
6. Repasse o Passo 5. Escolha uma atividade que vocês podem fazer juntos e da qual seu filho vai gostar.

➡ Ver também *Raiva*, *Controle*, *Falta de amigos*, *Mentir e enganar*, *Perfeccionismo exagerado*, *Falta de educação*, *Egoísmo*.

Compromisso de mudança

Como você usará os cinco passos e o Plano de Mudança de Comportamento para ajudar seu filho a realizar uma mudança de longo prazo? Nas linhas a seguir, escreva exatamente o que você concorda em fazer dentro das próximas 24 horas para dar início à mudança de comportamento de seu filho.

_____
_____
_____

Resultados da mudança

Todas as mudanças de comportamento exigem trabalho árduo, prática constante e reforço dos pais. Cada passo que seu filho dá em direção à mudança pode ser pequeno, por isso tome o cuidado de reconhecer e parabenizar cada um deles. São necessários, no mínimo, 21 dias para que os resultados reais comecem a aparecer, por isso não desista cedo demais. Lembre-se de que, se uma estratégia não funcionar, outra funcionará. Anote o progresso semanal da criança nas linhas a seguir. Faça registros de seu progresso diário no Diário de Mudanças.

SEMANA 1

___

___

___

SEMANA 2

___

___

___

SEMANA 3

___

___

___

COMPORTAMENTO 25

Comentários maldosos

Nosso filho de 8 anos começou a xingar as irmãs mais novas e a fazer comentários negativos, do tipo "Você é burra" e "Idiota". Obviamente, as meninas estão chateadas. Mas agora as mais novas estão fazendo os mesmos tipos de comentários. Já pedi a eles que não digam palavrões, mas eles não obedecem. Como posso pôr fim a isso?

– Cheryl, mãe de três filhos, Syracuse, Nova York

"Ei, idiota!"
"Você é péssimo!"
"Você não sabe de nada!"
"Não consegue fazer *nada* direito?"

DICA DE COMPORTAMENTO

Os comentários maldosos são aprendidos. Para pôr fim a eles, observe a si mesmo e a todos do convívio de seu filho para saber como ele aprendeu a se comportar assim.

Não é verdade que as ofensas verbais não atingem as pessoas. Uma das maneiras mais rápidas de acabar com a harmonia familiar e com a autoestima é causar humilhações – aqueles comentários prejudiciais, negativos e sarcásticos que as crianças usam umas com as outras. E eles claramente não param de aumentar. Estudos mostram que as crianças, em média, escutam 460 comentários negativos e 75 positivos por dia. Isso quer dizer que uma criança escuta seis vezes mais comentários negativos do que positivos. Dizem que é preciso acentuar o lado positivo para eliminar o negativo. Certifique-se de cercar de exemplos positivos um filho que tenha atitudes negativas, para que ele tenha um modelo adequado para imitar.

Cinco estratégias para acabar com os comentários maldosos

Use estas atividades para ajudar seu filho a reconhecer o lado negativo dos comentários maldosos:

1. *Estabeleça uma política de tolerância zero.* Reúna a família e diga: "Em nossa família, esse tipo de comentário não é permitido. Eles magoam as pessoas, e nosso papel é deixar as pessoas felizes". Depois, comprometa-se com sua família a acabar com as humilhações, criando um Estatuto da Família que deixe claro que os comentários maldosos não são atitudes permitidas ali. Depois que todos assinarem o estatuto, coloque-o em um local visível para que sirva como um forte lembrete.
2. *Enterre os comentários maldosos.* Chick Moorman, consultor educacional, disse que uma das atividades mais interessantes

que ele já viu foi um "enterro de comentários maldosos" realizado pelos alunos de uma classe. A professora começava a cerimônia pedindo aos estudantes que escrevessem o máximo de comentários maldosos que pudessem se lembrar em tiras de papel. Os comentários eram colocados em uma caixa de sapatos, e, no parquinho, a caixa era enterrada. O gesto simbólico claramente dava a ideia de que aqueles comentários estavam enterrados e nunca mais seriam usados. Estavam mortos. Pense em realizar um enterro de comentários maldosos em seu jardim.

3. *Incentive as mudanças.* Estabeleça uma regra na família: "Qualquer crítica deve ser transformada em incentivo". Isso quer dizer que, sempre que um membro da família disser algo negativo, devemos transformar o comentário em positivo, com uma frase carinhosa. Atenção: A regra da transformação é maravilhosa, mas só funciona se for reforçada de modo adequado. Para algumas crianças, escrever o incentivo é muito mais confortável do que dizê-lo. Sem problemas: é um primeiro passo para consertar o comportamento.

4. *Ensine alternativas apropriadas.* Explique a seu filho que uma das maneiras mais fáceis de tornar o mundo um local mais gentil é dizer palavras carinhosas. Pergunte a ele: "Quais são as palavras que você diz que fazem com que as pessoas sorriam e se sintam bem?" Depois, faça um cartaz com as ideias e as divulgue. Na minha sala de aula, sempre chamávamos as palavras carinhosas de "aquecedoras do coração". Aqui estão algumas com as quais você pode começar: "Diga-me o que eu posso fazer", "Gostei disso", "Espero que você se sinta melhor", "Precisa de alguma coisa?", "Você está bem?"

5. *Estabeleça uma consequência para os comentários maldosos.* Se você tentou todas as abordagens e ainda não conseguiu ver uma mudança de atitude, está na hora de estabelecer uma consequência. Veja uma lista de consequências nas páginas 341-342. Uma possibilidade sempre eficiente é fazer a pessoa que causou a ofensa se desculpar com o ofendido, por exemplo, fazendo as tarefas que caberiam a este naquele dia. Sim, funciona!

Plano de mudança de comportamento

Os especialistas dizem que uma das melhores maneiras de acabar com os confrontos físicos é eliminar os comentários maldosos. Isso porque as brigas costumam começar com uma pessoa insultando a outra, que devolve com outra ofensa. Logo, tudo se torna uma guerra. Você já viu essa bola de neve acontecer com seus filhos? Amigos? Parceiro? Colegas? Líderes do país? Como *você* reage quando alguém o insulta? Que reações causariam um conflito? Quais reduziriam as chances de um conflito? Como você pode ensinar a sua família sobre a bola de neve dos conflitos?

Em seguida, pense sobre a interação que você tem com sua família. Vocês lançam mão de insultos? Comentários sarcásticos? Apelidos desrespeitosos? Seu comportamento (ou o de seu parceiro) poderia estar dando a seu filho permissão para causar humilhações? Em caso afirmativo, o que você vai fazer para mudar esse comportamento? Trace um plano.

> **VOCÊ SABIA?**
> Uma pesquisa de abrangência nacional realizada pela Organização Nacional de Pais e Mestres descobriu que, em média, os pais fazem dezoito comentários críticos e negativos ao filho para cada um positivo. Você pode estar sendo um modelo negativo de conduta para seu filho?

Agora está na hora de agir para começar a mudar o comportamento de seu filho. Use seu Diário de Mudanças para anotar o que pensa e desenvolver seu plano:

1. Onde mais seu filho pode estar aprendendo a ter esse comportamento? Lembre-se de que os programas de TV são repletos de diálogos que incluem sarcasmo, humilhações e xingamentos. Você monitora o que seu filho anda assistindo? Se ainda não faz isso, pode começar a fazer.
2. Seu filho costuma usar comentários maldosos com determinadas pessoas? Com quem? Agora, procure entender por que isso ocorre. Por exemplo, ele está sendo provocado, quer chamar atenção, está sendo impulsivo, perseguido, pensa que isso é "bacana"? Relacione possibilidades de modo que consiga chegar à raiz do problema e, assim, desenvolver um plano eficaz.
3. Um motivo que faz as crianças xingarem é o fato de não conhecerem uma maneira mais adequada de expressar suas frustrações às pessoas que as ofendem. Se esse for o caso de seu filho, o que você pode fazer para ajudá-lo a aprender como se impor sem precisar ofender? Escreva seu plano.
4. Reveja as cinco estratégias. Quais você pretende ensinar a seu filho? E ao restante da família? Analise como fará para que seu filho aprenda um novo comportamento.

➡ Ver também *Autor de* Bullying, *Cinismo, Crueldade, Falta de educação, Brigas de irmãos, Respostas mal-educadas.*

Compromisso de mudança

Como você usará as cinco estratégias e o Plano de Mudança de Comportamento para ajudar seu filho a realizar uma mudança de longo prazo? Nas linhas a seguir, escreva exatamente o que você concorda em fazer dentro das próximas 24 horas para dar início à mudança de comportamento de seu filho.

_____

_____

Resultados da mudança

Todas as mudanças de comportamento exigem trabalho árduo, prática constante e reforço dos pais. Cada passo que seu filho dá em direção à mudança pode ser pequeno, por isso tome o cuidado de reconhecer e parabenizar cada um deles. São necessários, no mínimo, 21 dias para que os resultados reais comecem a aparecer, por isso não desista cedo demais. Lembre-se de que, se uma estratégia não funcionar, outra funcionará. Anote o progresso semanal da criança nas linhas a seguir. Faça registros de seu progresso diário no Diário de Mudanças.

SEMANA 1

_____

_____

_____

SEMANA 2

SEMANA 3

COMPORTAMENTO 26

Falta de educação

Nosso educado filho de 11 anos (ou assim pensávamos que ele fosse) parece ter esquecido todos os bons modos que lhe ensinamos. Estávamos no metrô na semana passada e ele nem sequer pensou em oferecer seu assento a uma senhora que estava em pé perto dele. Até mesmo pequenos atos de gentileza, como dizer "obrigado" e "por favor", sumiram. Esperamos que seja apenas uma situação temporária. Enquanto isso, estamos com medo de deixá-lo sair em público. É tarde demais?

– Roger, pai de Victoria, Colúmbia Britânica, Canadá

Furar fila.
Interromper a professora durante a aula.
Bater a porta na cara de alguém.
Deixar o celular ligado dentro da igreja.

DICA DE COMPORTAMENTO
A maneira certa de ensinar boas maneiras é trabalhar com uma ou duas ao mesmo tempo, e fazer com que seu filho as pratique o suficiente de modo que ele possa usá-las *sem* que você precise lembrá-lo.

Muitos estudos mostram que crianças malcomportadas são menos populares e têm rendimento inferior na escola. Não há como não reagir de modo negativo a pessoas que não têm educação. Já crianças educadas têm mais chances na vida, por ora e também mais para frente – em entrevistas de emprego, por exemplo, candidatos que demonstram ter facilidade de socialização saem na frente. Assim, é essencial garantir que nossos filhos tenham boas maneiras, de modo que possam colher os benefícios disso. E em um mundo no qual frequentemente a falta de modos é incentivada, além da descortesia e, às vezes, da simples grosseria, é muito importante que os pais fiquem atentos aos modos de seus filhos.

Quatro passos para eliminar a grosseria

Eis quatro passos para incentivar o comportamento cortês e acabar com a grosseria das crianças:

Passo 1. Substitua a grosseria por novos modos

O ponto de partida para ajudar seu filho a acabar com a grosseria é identificar as atitudes rudes e substituí-las por um novo comportamento. Escolha um ou dois modos para ensinar por vez. Assim, seu filho terá mais chances de incorporá-los em seu dia a dia e, mais importante, utilizá-los *sem seus lembretes de bons modos*. Existem muitas opções para escolher, tais como se apresentar às pessoas, ser um bom anfitrião ou convidado, ter bons modos à mesa, ao telefone, na Internet, e usar diversas palavras educadas.

Passo 2. Explique o novo comportamento

É sempre um erro pensar que seu filho sabe como pôr em prática uma nova atitude. Não suponha que ele saiba. Reserve um minuto para ensinar o novo comportamento a ele. Você pode ensinar-lhe boas maneiras ao telefone assim: "É importante que você atenda de modo educado e claro. Vamos fingir que tem alguém ligando. Escute o que vou dizer: 'Alô, residência dos Garcia. Quem está falando, por favor? Oi, seu João. Um minuto, por gentileza. Vou chamar meu pai'".

Passo 3. Pratique os novos modos

Os comportamentos novos são mais bem aprendidos por meio da repetição, portanto dê a seu filho muitas oportunidades de praticar os bons modos que está ensinando. Algumas famílias praticam um ou dois modos por semana. Lembre-se de que uma das maneiras mais fáceis de ensinar bons modos aos filhos é fazer as refeições junto com eles frequentemente. Existe melhor momento para praticar as habilidades de comunicação e os bons modos à mesa – mastigar com a boca fechada, aprender a usar os talheres corretamente etc.?

Passo 4. Corrija o mau comportamento imediatamente

Quando um erro inevitável ocorrer, corrija o comportamento rude. Você pode dizer: "Comece de novo, por favor". É apenas uma maneira mais gentil de dizer: "Não está certo, então faça de novo". Algo essencial: procure fazer as correções em particular, *nunca* na frente de outras crianças ou adultos. Também ajuda se você corrigir o comportamento mal-educado de seu filho dizendo a ele exatamente *o que* ele fez errado e *como* fazer certo. Aqui está um exemplo: "Começar a comer sem esperar que sua avó se sentasse foi falta de educação. Ser educado é esperar até que todos se sentem. Da próxima vez, por favor, espere". Os bons modos precisam de tempo e de prática para serem aprendidos, por isso incentive os esforços de seu filho de se comportar bem enquanto pratica os novos comportamentos. Se o comportamento grosseiro persistir, tente pedir a ele que corrija o comportamento errado dez vezes seguidas quando vocês dois estiverem sozinhos.

> **VOCÊ SABIA?**
> Um estudo recente realizado pela revista *U.S. News & World Report* descobriu que nove entre cada dez pessoas acreditam que a falta de educação tem se tornado um grave problema. Dentre os entrevistados, 78% disseram que os bons modos diminuíram muito nos últimos dez anos e que isso contribui bastante para o aumento da violência, assim como para a destruição de nossos valores como sociedade.

Plano de mudança de comportamento

Como você aprendeu bons modos na infância? Quais eram os padrões passados por seus pais? Como eles o corrigiam em caso de grosseria? A atitude era eficaz? Agora pense na maneira como você cria seu filho: que bons modos espera que ele demonstre? Seus padrões são muito diferentes das expectativas de seus pais? Você deixa claro quais são suas expectativas? Como reage quando seu filho age de modo descortês? Funciona?

É verdade que as crianças aprendem mais observando do que escutando o que dizemos. Pense no exemplo que você passa a seus filhos. Pergunte a si mesmo: sempre trato meus filhos com gentileza e respeito? Como trato meu parceiro, meus vizinhos, meus colegas de trabalho, amigos e desconhecidos?

Agora está na hora de agir analisando o comportamento de seu filho. Use seu Diário de Mudanças para anotar o que pensa e desenvolver seu plano:

1. Leia o Passo 1 para analisar os modos de seu filho e para pensar no que o deixa mais incomodado. Talvez você precise analisar o comportamento dele por alguns dias. Faça uma lista de atitudes grosseiras que precisam ser substituídas.
2. Selecione um ou dois bons modos com os quais quer trabalhar esta semana. Para se lembrar do objetivo da semana, escreva os modos escolhidos em um calendário, diário ou agenda, ou talvez na porta da geladeira para que todos os membros da família se lembrem deles.
3. Demonstre o novo comportamento. Diga a seu filho que você espera que ele use esse comportamento em casa e em público. Talvez ele não se sinta à vontade a princípio, usando os novos modos. Ofereça oportunidades para que ele pratique o comportamento na segurança do lar.
4. Como seu filho precisa de oportunidades para testar o novo comportamento no mundo real, procure possibilidades: jantar em um restaurante, ir à casa de alguém, convidar um amigo (ou o professor!) para ir à sua casa, passar a noite na casa de um amigo, ir a uma festa de aniversário, fazer parte de um time de futebol, passear no parque ou preparar uma festa.
5. Seu objetivo é fazer com que seu filho possa usar as habilidades recém-aprendidas sem orientação estruturada. Quando ele fi-

zer isso, você vai saber que seus esforços foram recompensados e estará na hora de começar a ensinar novos modos. Procure na lista de bons modos e escolha um ou dois outros.

6. Espere recaídas e alguns deslizes, mas não *permita que seu filho seja rude*. Pense em qual consequência aplicará se ele for grosseiro. É melhor não repreender seu filho em público: a reação dele pode ser ainda pior. Uma técnica mais eficaz é criar um sinal que vocês dois compreendam e que combinem de usar *antes* de sair de casa. Pode ser algo simples, como levar a mão à orelha ou tocar o nariz. Sempre que você fizer um desses gestos, seu filho vai entender que está se comportando mal e que precisa parar com isso no mesmo instante. Ele também saberá que se a grosseria continuar, ele será tirado de onde está ou levado para casa.

7. Independentemente da ação corretiva que você adotar, tenha uma conversa franca com seu filho sobre suas expectativas *antes* de sair em público. Depois, reforce seu plano sempre que seu filho agir de modo descortês.

➡ Ver também *Controle, Falta de amigos, Falta de espírito esportivo, Autor de* Bullying, *Egoísmo, Respostas mal-educadas.*

Compromisso de mudança

Como você usará os quatro passos e o Plano de Mudança de Comportamento para ajudar seu filho a realizar uma mudança de longo prazo? Nas linhas a seguir, escreva exatamente o que você concorda em fazer dentro das próximas 24 horas para dar início à mudança de comportamento de seu filho.

Resultados da mudança

Todas as mudanças de comportamento exigem trabalho árduo, prática constante e reforço dos pais. Cada passo que seu filho dá em direção à mudança pode ser pequeno, por isso tome o cuidado de reconhecer e parabenizar cada um deles. São necessários, no mínimo, 21 dias para que os resultados reais comecem a aparecer, por isso não desista cedo demais. Lembre-se de que, se uma estratégia não funcionar, outra funcionará. Anote o progresso semanal da criança nas linhas a seguir. Faça registros de seu progresso diário no Diário de Mudanças.

SEMANA 1

SEMANA 2

SEMANA 3

COMPORTAMENTO 27

Egoísmo

S ou madrasta de uma menina de 6 anos. O problema é que já estamos percebendo que ela só pensa em si mesma. Ela só quer saber de satisfazer as próprias necessidades, como se o mundo girasse ao redor de seu umbigo. Ela não se preocupa com o que as outras pessoas pensam ou sentem, nunca agradece por nada que fazemos e sempre espera mais. Obviamente fizemos algo errado, mas como consertar isso?

– Judy, madrasta de três enteados, Butte, Montana

"Não me importo com o que ele quer. Vai ser do meu jeito."
"Não entendo por que preciso dividir isso."
"Eu quero, e quero agora!"

DICA DE COMPORTAMENTO

Se você quer que seu filho seja menos centrado em si mesmo, *crie e verbalize essa expectativa*. E não aceite um comportamento diferente. Essa é uma das mais eficientes, e menos usadas, técnicas de mudança.

Se você receia que seu filho seja mimado, saiba que você está na mesma situação que muitos pais hoje em dia. As pesquisas mostram que a maioria dos pais acredita estar criando filhos egoístas e preocupados com eles mesmos. Mas as crianças não nascem assim. Elas chegam a este mundo com a maravilhosa capacidade de se preocupar com os outros. É claro que as crianças pequenas são mais egocêntricas por natureza, mas a maioria passa a olhar para as outras pessoas com a idade, a experiência e boa orientação dos pais. O problema é que, a menos que a empatia – a base da generosidade e da falta de egoísmo – seja incentivada, ela se mantém adormecida no caráter de nossos filhos. O resultado é uma criança egoísta e mal-agradecida, presa no estágio do "eu", e isso está aumentando a cada dia. Apesar de esse comportamento ruim ser aprendido, ele pode ser desaprendido. Vamos começar!

Seis estratégias para acabar com o egoísmo

Use as seis estratégias seguintes para ajudar a mudar o comportamento egoísta de seu filho:

1. *Controle a tendência a ceder demais.* Simplesmente se comprometa a criar uma criança que não seja mimada. Não satisfaça todos os seus caprichos. Não a mime demais com posses. E não pense que está prejudicando a autoestima dela ao dizer não. Na verdade, controle a vontade de mimá-la. Você vai ficar muito mais feliz com seu produto final: um filho mais consciente e generoso.
2. *Estabeleça limites.* Estabeleça limites de comportamento claros e siga-os. Isso vai ser difícil se acreditar que seu principal

objetivo é ser o melhor amigo de seu filho, por isso mude sua forma de pensar. Veja a si mesmo como pai e reconheça que centenas de estudos de desenvolvimento infantil concluem que as crianças cujos pais estabelecem expectativas comportamentais claras se tornaram menos egoístas e com autoestima mais elevada.

3. *Reforce a generosidade.* Aprender a dividir é essencial para acabar com o egoísmo. Uma maneira fácil de fazer isso é flagrar a criança sendo generosa e descrever o que ela fez, de modo que ela volte a repetir o mesmo comportamento: "Vi que você dividiu os brinquedos com seu amigo. Muito bom", "Obrigado por compartilhar seu *videogame*. Seu irmão ficou muito contente".

4. *Pergunte com frequência: "Como a outra pessoa se sente?"* Uma maneira de impedir que as crianças só pensem em si mesmas é pedir que reflitam sobre como as outras pessoas se sentem. Conforme surgir oportunidade, faça a pergunta com frequência, usando situações de livros, telejornais, TV e filmes, além de fatos da vida real. "A chuva destruiu grande parte daquela cidade. Como você acha que essas pessoas estão se sentindo?" "A mãe do papai está muito doente. Como você acha que o papai está se sentindo?" Todas as perguntas forçam seu filho a refletir sobre as preocupações dos outros, além das que ele mesmo tem, e faz com que deixe de pensar apenas em si mesmo.

5. *Crie a expectativa da gratidão.* Um dos maiores erros que os pais cometem é supor que os filhos se tornarão pessoas agradecidas e generosas. Não cometa esse erro. Se quer que seu filho seja generoso e nem um pouco egoísta, incentive, dê exemplo, dê prioridade, reforce e espere essas atitudes. Transforme a gratidão em prioridade em sua casa – e quanto antes começar, melhor.

6. *Acabe com os comportamentos egoístas imediatamente.* Sempre que seu filho fizer ou disser algo sem empatia, chame a atenção dele. Diga por que o comportamento estava errado e, se ele insistir em se comportar assim, pense em aplicar as consequências (ver pp. 341-342).

Plano de mudança de comportamento

Um grande número de estudos mostra que esta é a geração mais egoísta que já existiu. Você concorda? O que pode estar contribuindo para o aumento de crianças gananciosas e egoístas? Reflita sobre sua infância. O que era tão diferente naquela época que tornava as crianças menos egoístas? Pense nos métodos de educação. Quais deles podem aumentar o egoísmo? Além disso, examine como você cria seus filhos. Você pode estar fazendo alguma coisa para aumentar a atitude egoísta de seu filho? Escreva suas ideias e preocupações que podem ajudá-lo a desenvolver uma mudança eficiente.

VOCÊ SABIA?

Uma pesquisa de 2001, realizada pela *Time/CNN*, descobriu que 80% das pessoas acreditam que as crianças hoje em dia são mais mimadas que aquelas de dez ou quinze anos atrás. Além disso, dois terços dos pais admitem que seus filhos são mimados. O que você acha? Isso combina com o modo com o qual você está criando seus filhos?

Agora está na hora de agir para começar a mudar o comportamento de seu filho. Use seu Diário de Mudanças para anotar o que pensa e desenvolver seu plano:

1. Reveja as duas primeiras estratégias, que pedem a você que lute contra a tendência de mimar seu filho. Isso pode ser parte do que está aumentando o egoísmo dele? Em caso afirmativo, o que você pretende fazer para diminuir essa tendência? Converse com seu parceiro e familiares e veja se juntos vocês conseguem elaborar uma estratégia sensata. Anote seus planos, e então se comprometa com eles. Periodicamente, releia-os para se lembrar de sua promessa.
2. Releia a Estratégia 2 e pense nos limites dentro de sua casa. Escreva as regras que considera mais importantes e depois pergunte a si mesmo se elas são claras a seu filho. Por exemplo, se você lhe perguntasse quais são as principais regras, ele saberia dizê-las? Quando seu filho infringe uma regra, o que acontece? Por exemplo, ele escapa das consequências ou é disciplinado? Você é tratado de modo respeitoso, como a pessoa no comando? Observe pontos preocupantes e então planeje como abordá-los.
3. As crianças que não são mimadas aprendem a não se colocar em primeiro lugar sempre, mas procuram pensar nas necessidades dos outros. Reveja as Estratégias 3, 4 e 5. O que você pode fazer para dar prioridade à generosidade e para que seu filho tenha consciência dos sentimentos e das necessidades das outras pessoas?

As atitudes mimadas e egoístas são difíceis de mudar. O segredo para o sucesso é *não se* concentrar apenas em mudar o comportamento da criança, mas também em alterar as reações dos pais e as condições dentro de casa que podem estar alimentando esse comportamento. Não desista de seu plano se não perceber uma mudança rápida. Na verdade, é possível que você não perceba alterações. Em vez disso, seja firme em seus esforços e a mudança acontecerá.

➡ Ver também *Atitude materialista*.

Compromisso de mudança

Como você usará as seis estratégias e o Plano de Mudança de Comportamento para ajudar seu filho a realizar uma mudança de longo prazo? Nas linhas a seguir, escreva exatamente o que você concorda em fazer dentro das próximas 24 horas para dar início à mudança de comportamento de seu filho.

_____

_____

_____

Resultados da mudança

Todas as mudanças de comportamento exigem trabalho árduo, prática constante e reforço dos pais. Cada passo que seu filho dá em direção à mudança pode ser pequeno, por isso tome o cuidado de reconhecer e parabenizar cada um deles. São necessários, no mínimo, 21 dias para que os resultados reais comecem a aparecer, por isso não desista cedo demais. Lembre-se de que, se uma estratégia não funcionar, outra funcionará. Anote o progresso semanal da criança nas linhas a seguir. Faça registros de seu progresso diário no Diário de Mudanças.

SEMANA 1
_____
_____
_____

SEMANA 2
_____
_____
_____

SEMANA 3
_____
_____
_____

COMPORTAMENTO 28

Baixa capacidade de concentração

Meu marido e eu estamos muito chateados. Nosso filho de 9 anos chegou em casa hoje com a recomendação, da enfermeira da escola, de que ele comece a tomar um remédio chamado Ritalina a partir da próxima semana. Parece que a professora tem reclamado que ele não para quieto, não presta atenção, reclama o tempo todo e se distrai facilmente enquanto faz a lição. Ele sempre foi uma criança ativa, espontânea e impulsiva e parece normal. Mas dizem que ele tem uma doença chamada transtorno de déficit de atenção. O que está acontecendo?

– David e Sarah, pais de três filhos, Norfolk, Virginia

DICA DE COMPORTAMENTO

Muitas crianças não conseguem se manter concentradas por muito tempo; poucas têm o que pode ser chamado de transtorno de déficit de atenção. Como pais, precisamos ter cuidado para entender a diferença e reconhecer onde nossos filhos encontram dificuldades, para que possamos ajudá-los a lidar com elas corretamente.

"Carla sempre fica em pé para olhar pela janela."

"Josué tem dificuldade para terminar seus trabalhos de história."

"Por que seu filho não para quieto?"

Existe uma controvérsia na sociedade hoje: inúmeras crianças e jovens com idade entre 5 e 19 anos recebem o diagnóstico de transtorno de déficit de atenção, e, numa sala de aula de uma escola particular, cerca de 30% dos alunos podem estar tomando remédios prescritos para controlar o comportamento em classe. O diagnóstico do transtorno de déficit de atenção e do transtorno de déficit de atenção e hiperatividade aumenta a olhos vistos. Alguns especialistas afirmam que há uma epidemia de crianças doentes que não conseguem se controlar, concentrar ou prestar atenção. Outros afirmam que essas crianças são normais e que simplesmente não estão recebendo a atenção que merecem dos pais e professores. E outros ainda sentem que são indvíduos normais que simplesmente não querem parar quietos e precisam se movimentar o tempo todo. Nosso papel como pais é proteger nossos filhos do excesso de remédios, mas, ao mesmo tempo, lidar da melhor maneira com qualquer problema que possam ter ao prestar atenção ou ao realizar tarefas na escola ou em qualquer outro lugar. E, se você e o médico de seu filho decidirem que a medicação pode ajudar, a causa subjacente não deve ser ignorada: seu filho precisa aprender a se concentrar e a terminar as tarefas para se tornar alguém de sucesso ao longo da vida. Existem técnicas que podem ser aprendidas para ajudá-lo a fazer isso.

Seis estratégias para melhorar a capacidade de concentração

Eis seis estratégias para ajudar seu filho a se manter concentrado e conseguir aprender:

1. *Mantenha-o no nível certo.* Verifique se a tarefa escolar de seu filho é adequada ao nível de desenvolvimento acadêmico que ele tem. Por exemplo, se ele está no grupo 2 de leitura, não espere que consiga ler livros do grupo 4. As melhores tarefas são aquelas que estão um nível acima do da criança.
2. *Reserve um local especial para a lição de casa.* Cuide para que seu filho tenha um local onde não haja muito barulho, para que ele possa fazer sua tarefa de casa, sem TV ou outros membros da família por perto. Certifique-se de que ele dispõe de mesa, boa iluminação, cadeira resistente e todos os materiais escolares de que possa precisar, para que não tenha de se levantar para buscar objetos.
3. *Encurte as sessões de estudos.* Observe o tempo que seu filho costuma conseguir ficar sentado. Se ele só consegue ficar concentrado por cinco minutos, não o obrigue a ficar dez. Estabeleça que esse é o tempo de duração de uma sessão de estudo normal para ele, e planeje intervalos de modo que ele possa concluir a tarefa em segmentos adequados. Às vezes, é interessante permitir que ele use um *timer* para que saiba quando ocorrerá o intervalo seguinte. Aos poucos, aumente a duração das sessões conforme a concentração dele for aumentando.
4. *Divida as tarefas.* Agora que você já sabe quanto tempo seu filho consegue passar estudando sem fazer um intervalo, divida as tarefas dele em segmentos razoáveis que combinem com

sua capacidade de concentração. Procure aumentar a duração desses segmentos e o tempo, de modo que ele consiga realizar as tarefas pouco a pouco.
5. *Mantenha a programação.* As crianças precisam de rotina. Estabeleça a hora da lição de casa todos os dias, num horário que seja mais adequado para ele e a controle.
6. *Ajude-o a se lembrar.* Há muitas técnicas que você pode ensinar a seu filho para ajudá-lo a lembrar e a reter informações. Vamos supor que a tarefa dele seja ler sobre dinossauros:

- Com uma criança pequena, peça que ela escute enquanto você lê e pare de vez em quando para perguntar: "O que você entendeu?"
- Dê a seu filho uma folha grande de papel e giz de cera. Depois de ler por aproximadamente um minuto, pare e peça a ele que desenhe rapidamente uma imagem com base no que você acabou de contar.
- Quando seu filho estiver lendo, mostre a ele como escrever a ideia principal em um papel-cartão de mais ou menos 8 x 12 centímetros depois de cada parágrafo ou página. Esses cartões podem ser usados posteriormente para revisar a matéria.
- Na escola, fazer anotações pode ser uma maneira muito valiosa de se lembrar de pontos importantes que o professor disse ou para relacionar futuras tarefas. Mostre a seu filho como dar sequência e organizar as anotações de modo que possa fazê-las sozinho.
- Ensine seu filho a parafrasear, que é repetir, de modo resumido, o que uma pessoa disse. Ser capaz de reter e repassar a mensagem de alguém é uma habilidade essencial para o aprendizado a longo prazo. Faça seu filho praticar essa habilidade

em casa, durante o jantar ou em outros momentos ao longo do dia.
- Incentive os esforços dele. Elogie-o muito por tentar. Não compare o rendimento dele com o dos irmãos ou amigos. E comemore todas as melhoras em sua capacidade de atenção e produtividade.

Plano de mudança de comportamento

Você era um aluno incansável que adorava andar por todos os lados e que nunca parava quieto? Você gostava de sonhar acordado? Seus pais se preocupavam? Como era seu rendimento escolar? Como você está agora? Toma algum remédio?

> **VOCÊ SABIA?**
> O Conselho Internacional de Controle de Narcóticos afirma que os Estados Unidos respondem por "aproximadamente 90% da produção e do consumo mundial de Ritalina", e que as crianças são as principais consumidoras. O Conselho Federal de Medicamentos classifica a Ritalina como uma substância controlada de classe 2, na mesma categoria que as anfetaminas, metanfetaminas, dexedrina e outros estimulantes conhecidos como *speed*.

Agora pense em seu filho. Como você descreveria a habilidade dele de se concentrar e se manter focado na tarefa? O comportamento dele é muito diferente do dos irmãos e de outras crianças de sua idade? Com o que você mais se preocupa? Escreva sua maior preocupação.

Agora está na hora de agir para começar a mudar o comportamento de seu filho. Use seu Diário de Mudanças para anotar o que pensa e desenvolver seu plano:

1. Coloque-se no lugar de seu filho. Finja que está na sala de aula e que está realizando uma tarefa na qual precisa se concentrar muito. Como está se sentindo? O que pode fazer para que seu filho se sinta mais à vontade e competente? Escreva seu plano.
2. Pense em seu filho quando ele tem dificuldade para se concentrar em uma determinada tarefa. Como você reage quando ele tem dificuldades para se concentrar? Isso o ajuda a realizar o trabalho e se sentir bem consigo mesmo? O que você pode fazer para tornar esse processo mais fácil? Escreva o que acha.
3. Repasse a Estratégia 1. Converse com o professor de seu filho para ter certeza de que as tarefas dele são condizentes com sua idade e sua habilidade.
4. Reveja a Estratégia 2. Se ainda não fez isso, reserve um local especial para seu filho estudar.
5. Reveja as Estratégias 3, 4 e 5. Avalie discretamente a capacidade de concentração de seu filho e o ajude a organizar seu trabalho de modo correto. Continue aumentando o tempo de estudo aos poucos, conforme ele for se concentrando mais e se tornando mais produtivo.
6. Repasse a Estratégia 6. Escolha duas ou três técnicas apropriadas para aplicar à situação de seu filho. Se não perceber melhoras depois de algumas semanas, converse com um profissional.

➡ Ver também *Ansiedade, Facilidade em desistir, Brigas na hora de fazer a lição de casa, Impulsividade, Perfeccionismo exagerado.*

Compromisso de mudança

Como você usará as seis estratégias e o Plano de Mudança de Comportamento para ajudar seu filho a realizar uma mudança de longo prazo? Nas linhas a seguir, escreva exatamente o que você concorda em fazer dentro das próximas 24 horas para dar início à mudança de comportamento de seu filho.

_____

_____

Resultados da mudança

Todas as mudanças de comportamento exigem trabalho árduo, prática constante e reforço dos pais. Cada passo que seu filho dá em direção à mudança pode ser pequeno, por isso tome o cuidado de reconhecer e parabenizar cada um deles. São necessários, no mínimo, 21 dias para que os resultados reais comecem a aparecer, por isso não desista cedo demais. Lembre-se de que, se uma estratégia não funcionar, outra funcionará. Anote o progresso semanal da criança nas linhas a seguir. Faça registros de seu progresso diário no Diário de Mudanças.

SEMANA 1

_____

_____

_____

SEMANA 2

SEMANA 3

COMPORTAMENTO 29

Timidez

Temos um filho de 11 anos que é extremamente tímido. Sempre que o apresentamos a novas pessoas, ele quase não olha para elas e demonstra grande desconforto. Quando uma criança tenta puxar papo, ele fica quase mudo. O que podemos fazer para que ele se sinta mais confiante, especialmente com pessoas da idade dele?

– Marsha, mãe de três filhos, Baton Rouge, Louisiana

"Pode ir sem mim."
"Tenho medo de levantar a mão na classe."
"Prefiro ficar sozinho."

DICA DE COMPORTAMENTO

Uma das principais razões pelas quais as crianças agem de modo tímido é porque elas são tachadas de tímidas. *Nunca* permita que ninguém – professor, amigo, parente, irmãos, desconhecidos, você mesmo – classifique seu filho assim.

Crianças que são retraídas e tímidas não vivem a vida ao máximo. As crianças tímidas deixam de aproveitar as oportunidades, não correm riscos necessários de socialização e, assim, não ganham confiança. A incapacidade de se unir a um grupo ou de fazer novos amigos será algo ruim para elas pelo resto da vida. Por fim, virá a dor da rejeição social. A timidez não é, de jeito nenhum, um "mau comportamento", mas, por ser algo que pode atrapalhar o sucesso social das crianças, está incluída entre os 38 problemas de comportamento apresentados neste livro. A boa notícia é que podemos ajudar as crianças a se sentir mais confortáveis em grupo, ensinando-lhes habilidades de competência social.

Cinco dicas para ajudar as crianças a superar a timidez

Use as cinco dicas a seguir para ajudar seu filho a adquirir confiança em situações sociais:

1. *Incentive-o a olhar nos olhos das pessoas.* Ao conversar com seu filho, diga coisas como "Olhe para mim", "Mantenha os olhos nos meus" ou "Quero olhar nos seus olhos". Se você reforçar a habilidade de modo consciente e der o exemplo a seu filho, logo estará olhando em seus olhos. Se ele não se sentir à vontade olhando nos olhos das pessoas enquanto fala, diga a ele para olhar para o nariz de quem fala. Com um pouco de prática, ele não vai mais precisar dessa técnica e vai olhar com mais confiança dentro dos olhos de quem conversar com ele.
2. *Ensine maneiras de iniciar e encerrar uma conversa.* Faça uma lista com seu filho de maneiras fáceis de puxar conversa pa-

ra usar com diversos grupos de pessoas. Por exemplo, o que ele poderia dizer para alguém que ele já conhece, um adulto que ainda não conhece, um amigo que ele não vê há algum tempo, um aluno novo em sua sala, uma criança com quem ele gostaria de brincar no parquinho? Depois, ensaiem a conversa até seu filho se sentir à vontade fazendo isso sozinho. Dica: Praticar as habilidades de conversa ao telefone com uma pessoa atenciosa do outro lado da linha costuma ser sempre mais fácil para crianças tímidas do que conversar cara a cara.

3. *Ensaie situações de socialização.* Prepare seu filho para um evento que acontecerá em breve, descrevendo o ambiente, as expectativas e quem mais estará presente. Depois, ajude-o a praticar como se apresentar aos outros, boas maneiras à mesa, habilidades básicas de comunicação e até como se despedir de modo simpático.

4. *Pratique habilidades com colegas mais novos.* Philip Zimbardo, especialista em timidez e coautor do livro *The Shy Child*, recomenda que as crianças maiores façam dupla com as menores por períodos curtos, por isso crie oportunidades para que seu filho brinque com outra criança mais nova: um irmão, um primo, um vizinho mais novo ou mesmo os filhos menores de seus amigos. Para os adolescentes, cuidar de bebês é uma ótima maneira para que uma criança tímida ganhe dinheiro e consiga praticar habilidades de socialização – dar início a uma conversa, manter contato visual –, que ela tinha vergonha de tentar com crianças de sua idade.

5. *Dê a seu filho oportunidades de brincar com um amigo por vez.* Fred Frankel, psicólogo e responsável pelo desenvolvimento do Programa de Treinamento de Habilidades Sociais, da UCLA, sugere brincadeiras entre duas crianças como a melhor

maneira de aumentar a confiança social. Nesses momentos, seu filho deve convidar apenas um amigo para ir a sua casa por algumas horas, para que elas se conheçam e pratiquem as habilidades de construção de amizade. Ofereça um lanche e tente não interromper: os irmãos não devem brincar juntos, e a televisão deve ficar desligada.

> **VOCÊ SABIA?**
> Philip Zimbardo diz que duas em cada cinco pessoas se consideram tímidas. Isso se tornou uma profecia para seu filho?

Plano de mudança de comportamento

Comece pensando em seu próprio temperamento. Você se considera tímido? E na infância? Você era considerado tímido? Seus irmãos, parentes ou pais eram tímidos? Eram considerados tímidos? Você se sente mais desconfortável em certas situações? O que faz com que você se sinta mais à vontade em ambientes com pessoas?

Agora está na hora de agir para começar a mudar o comportamento de seu filho. Use seu Diário de Mudanças para anotar o que pensa e desenvolver seu plano:

1. Pense em suas expectativas como pai ou mãe. Elas condizem com as habilidades, os pontos fortes e o nível de conforto de seu filho, ou podem estar aumentando a falta de confiança dele? Por exemplo, aqui estão alguns comportamentos que você deve analisar. Marque aqueles que você precisa mudar:

_____ Você força seu filho a se destacar em público?
_____ Fica preocupado demais se ele não realizar determinada tarefa?
_____ Costuma fazer coisas no lugar dele?
_____ Costuma responder por seu filho nas discussões que ele tem com as pessoas?
_____ Você o desestimula de tentar coisas novas?
_____ Você o incentiva a fazer coisas que podem ser importantes para você, mas não para ele?
_____ Compara o desempenho e a personalidade dele com os dos irmãos?

2. Pense em seu comportamento. Como costuma reagir à timidez de seu filho? Quando alguém comenta com você sobre a timidez dele, como você reage? Existe algum comportamento que você pode mudar em si mesmo que talvez ajude seu filho a se sentir mais confiante? Faça um plano e comprometa-se a cumpri-lo.
3. Releia as cinco estratégias para ganhar confiança em ambientes sociais. Escolha uma que você acredita que funcionaria melhor com seu filho. Depois, escreva como pretende utilizá-la.

➡ Ver também *Ansiedade, Cinismo, Falta de amigos, Influência negativa dos amigos*.

Compromisso de mudança

Como você usará as cinco dicas e o Plano de Mudança de Comportamento para ajudar seu filho a realizar uma mudança de longo prazo? Nas linhas a seguir, escreva exatamente o que você concorda em fazer dentro das próximas 24 horas para dar início à mudança de comportamento de seu filho.

Resultados da mudança

Todas as mudanças de comportamento exigem trabalho árduo, prática constante e reforço dos pais. Cada passo que seu filho dá em direção à mudança pode ser pequeno, por isso tome o cuidado de reconhecer e parabenizar cada um deles. São necessários, no mínimo, 21 dias para que os resultados reais comecem a aparecer, por isso não desista cedo demais. Lembre-se de que, se uma estratégia não funcionar, outra funcionará. Anote o progresso semanal da criança nas linhas a seguir. Faça registros de seu progresso diário no Diário de Mudanças.

SEMANA 1

_____
_____
_____

SEMANA 2

_____
_____
_____

SEMANA 3

_____
_____
_____

COMPORTAMENTO 30

Brigas de irmãos

Estou no limite da paciência. Parece que meus filhos só sabem brigar, e eu passo a maior parte do tempo bancando a juíza. Meu marido diz que eu só pioro as coisas quando me intrometo. E meu filho diz que eu deixo o irmão mais novo se safar de qualquer coisa. Se eu não interver, os dois passam o dia se batendo. O que fazer?

– Letícia, mãe de dois filhos, Grand Rapids, Michigan

"A Rafaela me bateu!"
"Devolve o meu CD!"
"Você quebrou minha Barbie favorita!"

DICA DE COMPORTAMENTO

Não defenda ninguém. Durante as brigas de irmãos, mantenha-se neutra e só dê palpites quando seus filhos parecerem estar sem saber o que fazer. Defender um ou outro cria ressentimento e a sensação de que você defende um, e não o outro.

As brigas entre irmãos estão entre alguns dos conflitos domésticos mais comuns. Coloque duas crianças juntas por alguns minutos e as palavras mais ouvidas provavelmente serão: "Isso não é justo!" Não enlouqueça tentando ser justo em todos os momentos. Apesar de as brigas serem constantes, o falatório não precisa ocorrer. Você pode fazer algumas coisas que diminuirão o confronto e seus filhos aprenderão, assim, a tratar uns aos outros de modo mais pacífico. Além disso, se eles não aprenderem a se dar bem em casa, onde aprenderão?

Cinco estratégias para reduzir as brigas entre irmãos

Use as estratégias a seguir como guia para estabeler a harmonia na família e acabar com as brigas entre irmãos:

1. *Acalme todo mundo*. Interfira quando as emoções ficarem exacerbadas demais, mas *antes* de a discussão começar. Use o que funcionar melhor para acalmar a todos: correr no quintal, fazer flexões de braço, respirar profunda e lentamente três vezes, deitar-se por uns minutos, acariciar um ursinho de pelúcia. Se preciso, separe as duas crianças até que elas se acalmem e consigam conversar: "Estou vendo duas crianças iradas que precisam se acalmar", "Cada um deve ir para o próprio quarto até conseguirem conversar com calma".
2. *Esclareça os sentimentos*. Às vezes, só é preciso que alguém reconheça os sentimentos feridos da criança. Experimente dizer: "Você está magoado porque acredita que seu irmão está sendo tratado de modo mais justo que você", "Você está frustrado porque não está tendo a chance de jogar *videogame*".

3. *Permita que as duas crianças contem suas versões da história.* Para ajudar os filhos a sentir que estão sendo ouvidos de verdade, peça a cada um deles que explique o que ocorreu. Peça a todos que se concentrem em quem estiver falando, prestando atenção de verdade. Não é permitido interromper, e todos terão a chance de falar. Se você acha que não compreendeu, peça esclarecimentos. "Pode explicar o que disse novamente?" Quando a criança terminar de falar, faça um resumo do que você escutou para ela saber que você prestou atenção. Depois, você pode perguntar: "O que você pode fazer para resolver esse problema?"
4. *Faça com que as crianças se tornem parte da solução.* Pergunte aos envolvidos o que eles planejam fazer para resolver o problema "deles". Fazer com que as crianças façam parte da decisão faz com que elas parem, pensem e se acalmem. Estabeleça orientações para essa parte: não é permitido interromper, humilhar e só serão ouvidos aqueles que se mantiverem calmos. Ao se revezarem para falar, as crianças aprendem a explicar suas ideias com palavras, não com ataques. O pai pode pegar um cronômetro e dizer: "Vamos ver se você consegue se acalmar em três minutos. Depois desse tempo, estarei de volta". A mãe pode sentar os filhos pequenos no sofá e dizer que eles não podem se levantar até que conversem sobre o assunto.
5. *Veja o outro lado.* As crianças costumam se voltar tanto para a sensação de injustiça que não param para pensar sobre como o outro pode estar se sentindo. Então, diga: "Analise a situação pelo outro lado agora. Como sua irmã deve estar se sentindo?" Isso também aumenta a empatia.

> **VOCÊ SABIA?**
>
> Você já ensinou seus filhos a resolver os próprios problemas? Dados mostram que essa atitude ajuda a diminuir as brigas entre irmãos. George Spivack e Myrna Shure, psicólogos da Filadélfia que realizaram uma pesquisa de mais de 25 anos, descobriram que crianças de apenas 3 ou 4 anos já podem aprender a pensar em seus problemas. Também descobriram que crianças com habilidades de resolução de conflitos tinham menos chance de ser impulsivas e agressivas quando as coisas não saíam como queriam, eram mais carinhosas e menos insensíveis, faziam mais amizades, tinham melhor rendimento escolar e conseguiam resolver os problemas de modo mais pacífico.

Plano de mudança de comportamento

Comece o plano de mudança de comportamento de seu filho pensando em sua infância. Você brigava com seus irmãos (ou amigos)? Por que essas brigas ocorriam? Seus pais intervinham? Isso ajudava? Você aprendeu a se relacionar bem com as pessoas? Quais habilidades usou para ajudar a diminuir os conflitos? Como as aprendeu? Converse com outros pais para descobrir como eles têm lidado com as brigas entre irmãos. O que funciona para eles?

Agora está na hora de agir para começar a mudar o comportamento de seu filho. Use seu Diário de Mudanças para anotar o que pensa e desenvolver seu plano:

1. Identifique o que está causando os conflitos. O outro filho está recebendo mais atenção, está sendo manipulador ou cau-

sando *bullying*? Ele tem mais brinquedos? Você defende alguém? O filho magoado está sentindo que não está recebendo atenção ou que o irmão tem se aproveitado dele?
2. Procure observar uma briga sem que eles percebam. Analise o comportamento de seus filhos antes de a briga começar. Como seus filhos costumam reagir um com o outro nos momentos de discussão acalorada? Que comportamento um dos filhos (ou os dois) utiliza que piora a situação, como ofensas, agressões, xingamentos ou mordidas? Há alguma habilidade que você pode ensinar que acabe com o conflito antes de ele ficar grande demais?
3. Como você costuma reagir aos conflitos entre irmãos? Os dois filhos consideram sua atitude justa? Como eles reagem? Sua reação aumenta, reduz ou neutraliza o conflito?
4. Leia as estratégias e escolha duas que você acredita que funcionariam melhor para seus filhos. Experimente ver se elas são eficientes para reduzir os conflitos entre as crianças.

As brigas entre irmãos são inevitáveis, por isso acabar totalmente com elas não é algo realista. Mas é possível minimizá-las. Quando testar uma estratégia, seja firme até perceber uma mudança.

➡ Ver também *Raiva, Recusa a ajudar nas tarefas domésticas, Brigas, Agressão, Comentários maldosos, Gritos.*

Compromisso de mudança

Como você usará as cinco estratégias e o Plano de Mudança de Comportamento para ajudar seu filho a realizar uma mudança de longo prazo? Nas linhas a seguir, escreva exatamente o que você concorda em fazer dentro das próximas 24 horas para dar início à mudança de comportamento de seu filho.

_____

_____

_____

Resultados da mudança

Todas as mudanças de comportamento exigem trabalho árduo, prática constante e reforço dos pais. Cada passo que seu filho dá em direção à mudança pode ser pequeno, por isso tome o cuidado de reconhecer e parabenizar cada um deles. São necessários, no mínimo, 21 dias para que os resultados reais comecem a aparecer, por isso não desista cedo demais. Lembre-se de que, se uma estratégia não funcionar, outra funcionará. Anote o progresso semanal da criança nas linhas a seguir. Faça registros de seu progresso diário no Diário de Mudanças.

SEMANA 1

_____

_____

_____

SEMANA 2

_____

_____

_____

SEMANA 3

COMPORTAMENTO 31

Furto

V*i um jogo de* videogame *na mochila do meu filho de 12 anos e sei que não é dele. Tenho certeza de que ele o furtou de alguma loja. Ele tem tudo o que quer, por que roubaria? Detesto pensar que posso ter um cleptomaníaco dentro de casa. O que devo fazer?*
— Karen, mãe de dois filhos, Louisville, Kentucky

"Vamos, guarde em sua mochila. Não tem ninguém vendo."
"Eu nunca teria como pagar por isso."
"Vamos pegar todos. Vai ser legal!"

DICA DE COMPORTAMENTO

O modo com que os pais reagem ao furto praticado pelos filhos pode ser prejudicial ou benéfico para ajudá-los a saber o que é certo ou errado. A melhor reação é garantir que a criança saiba não apenas que você espera que ela seja honesta, mas por que a honestidade é importante.

O único comportamento capaz de abalar até mesmo os pais mais controlados é o roubo. Tranquilize-se e saiba que o furto é algo mais comum do que você pensa, principalmente entre as crianças menores, que são muito possessivas. Entre os 5 e 7 anos, a criança começa a entender os efeitos prejudiciais do furto. Quando compreendem que roubar viola os direitos de uma pessoa e que pode resultar em processo contra quem furta, elas passam a encarar a questão com muito mais seriedade. Uma coisa é certa: as crianças de todas as idades precisam aprender que pegar as coisas sem permissão não é certo e pode ter sérias consequências.

Quatro passos para acabar com os furtos

Independentemente de seu filho ser pequeno ou grande, as mesmas regras básicas a respeito do furto devem ser aplicadas. Os quatro passos a seguir guiarão você para que obtenha uma mudança de comportamento de longo prazo.

Passo 1. Calmamente, aborde e avalie a intenção de seu filho

O primeiro passo é tentar determinar as respostas para cinco perguntas importantes: *O que* aconteceu? *Quando* e *onde* ocorreu? *Com quem* seu filho estava? *Por que* ele roubou? Infelizmente, perguntar diretamente: "Por que você roubou?" não costuma levar a lugar algum. A melhor abordagem é começar com uma reação direta que descreva o que você acredita que tenha acontecido e como se sente em relação a isso. Aqui está um exemplo: "Tom, fiquei chateado ao encontrar um jogo que não pertence a você dentro do armário. Como ele foi parar ali?" Se não obtiver resposta, deve perguntar diretamente: "Você o pegou?"

Duas coisas não devem ser feitas. Em primeiro lugar, *não exagere na reação*. Certamente, você vai se sentir frustrado e irritado, mas procure se manter calmo. Em segundo lugar, *não acuse* seu filho nem o chame de ladrão. As acusações nunca resolvem nada, e seu filho pode mentir para evitar castigos ou sua desaprovação. Em vez disso, diga que vocês têm um problema que precisa ser resolvido.

Passo 2. Relembre por que é errado furtar

Fale sobre suas expectativas em relação à honestidade. Está na hora de seu filho compreender por que roubar coisas é errado e por que essa atitude vai de encontro aos valores da família. Seja breve e diga por que furtar não é uma atitude correta: "Pegar algo que não pertence a você sem pedir é muito errado. Não pegamos coisas que não nos pertencem. Precisamos ter confiança uns nos outros. Espero que você respeite a propriedade de outras pessoas e sempre peça permissão antes de pegar emprestado algo que não seja seu". Lembre-se de que as crianças pequenas costumam ter dificuldade para entender a diferença entre tomar e pegar emprestado, por isso você terá de explicar os conceitos de posse e respeito pela propriedade.

Se seu filho for mais velho, talvez você tenha de falar sobre as possíveis consequências do furto, como a perda de amizades, a má fama, a perda da confiança das pessoas e os problemas que ele pode vir a ter com a justiça. Diga a ele que algumas lojas não toleram furtos. Elas não perdoam o primeiro delito se você devolver o produto furtado e chamarão a polícia no mesmo instante. Lembre-se de que uma conversa apenas não será o suficiente para criar uma mudança duradoura de comportamento. Procure falar frequentemente sobre a honestidade nas próximas semanas com seu filho, de modo que ele compreenda suas expectativas e também incorpore a honestidade em suas atitudes diárias.

Passo 3. Repreenda e reflita sobre o impacto

As crianças não costumam parar para pensar nos efeitos prejudiciais dos furtos. Procure fazer com que seu filho se coloque no lugar da outra pessoa, e que perceba como é ruim ter seus pertences roubados. Se seu filho for pequeno, procure encenar com um de seus brinquedos favoritos. Após "furtar" o brinquedo, pergunte: "Como você se sentiria se alguém roubasse seu brinquedo? Seria justo?" A uma criança mais velha, você pode perguntar: "Finja que você é a vítima, e descobriu que todo o dinheiro de sua carteira foi roubado. Como se sentiria? O que diria a essa pessoa?"

Passo 4. Exija restituição para corrigir o erro

O passo final é garantir que seu filho compreenda *por que* furtar é errado e *o que fazer para resolver a situação*. O melhor castigo é exigir que ele peça desculpas à vítima e devolva o objeto roubado (costuma ser melhor se você for com ele). Se o furto tiver ocorrido em uma loja, chame os donos do estabelecimento, para que um funcionário generoso não permita que seu filho saia impune. Se o objeto estiver estragado e não puder mais ser devolvido, seu filho deve pagar por ele. Talvez você tenha de arcar com o prejuízo no momento, mas depois faça com que ele se responsabilize por devolver o dinheiro com sua mesada ou com tarefas extras. *Cuidado*: Descubra se a loja exige que seja feito um boletim de ocorrência em caso de furto antes de ir até lá. Depois, use o bom senso para saber como agir.

Plano de mudança de comportamento

Se queremos que nossos filhos sejam honestos, precisamos dar o exemplo, de modo que eles saibam como esperamos que se comportem. Comece avaliando seu exemplo diário de honestidade.

VOCÊ SABIA?
Uma pesquisa com mais de vinte mil alunos do ensino fundamental e médio mostrou que 47% dos entrevistados admitiam ter furtado algo de uma loja nos doze meses anteriores. Mais de um quarto dos alunos do ensino médio disse que haviam cometido furtos em lojas pelo menos duas vezes.

Por exemplo, você come uma pequena porção de doces ou frutas no mercado sem pagar, pega uma "lembrancinha" de um restaurante ou hotel (cinzeiro, saboneteira, coisas assim), que não deve ser levada, ou pega alguns artigos de papelaria de seu escritório e os leva para casa? Em caso afirmativo, pense na mensagem que está passando a seu filho. Depois, comprometa-se a dar um bom exemplo.

Agora está na hora de agir para começar a mudar o comportamento de seu filho. Use seu Diário de Mudanças para anotar o que pensa e para desenvolver seu plano:

1. Releia o Passo 1, porque a parte mais importante de mudar o comportamento de seu filho é determinar o que pode estar fazendo com que ele roube. Você pode conversar com adultos que conheçam bem o seu filho e em cujas opiniões você confia. Apesar de, na maioria dos casos, as crianças só furtarem para ver se conseguem se safar sem punição, o comportamento pode estar sinalizando algo mais profundo que precise de atenção. Certamente, há possibilidades a ser levadas em conta. Por exemplo:

   ___ Ocorreu uma mudança em sua família, como um divórcio, o nascimento de um bebê ou um novo emprego que esteja fazendo com que seu filho precise de atenção?
   ___ Ele exibe impulsividade e sempre quer as coisas no mesmo instante?
   ___ É insensível e não percebe a dor que está causando à vítima?
   ___ Não consegue entender o conceito de honestidade, posse ou de pedir permissão?
   ___ As regras em relação à propriedade são rígidas em sua casa?
   ___ Ele pode estar se sentindo pressionado pelos amigos, além da necessidade de fazer parte de um grupo?
   ___ Pode estar irritado ou com ciúmes e, assim, tentando descontar isso em alguém?

2. Quando descobrir por que seu filho está furtando, procure pensar sobre como vai remediar o problema. Por exemplo, se você acha que seu filho está furtando produtos de lojas para

se exibir para os colegas, vai precisar ajudá-lo a encontrar amigos que o aceitem como ele é, ao mesmo tempo em que ele aprenderá a se impor. Escreva os passos que dará para resolver o problema; depois, comprometa-se a fazer isso com seu filho.

3. Releia o Passo 2 e planeje como vai ajudar seu filho a aprender a respeitar a propriedade das outras pessoas. Por exemplo, você deve encenar o conceito de posse, ler histórias ou contos sobre honestidade ou passar o conceito por meio de momentos ao longo do dia? Não imagine que seu filho tenha internalizado o valor da honestidade; essa qualidade deve ser ensinada e revista com frequência.

4. Decida qual atitude tomar para ter a certeza de que seu filho compreende as consequências do ato de furtar. Os Passos 3 e 4 guiarão você para desenvolver seu plano. A parte mais importante é fazer com que seu filho compreenda que roubar é errado e que ele é o grande responsável pelas próprias atitudes.

5. Se o furto se tornou um comportamento repetitivo, procure ajuda profissional, conversando com um psicólogo. Esse comportamento pode ser exterminado rapidamente.

➡ Ver também *Desacato, Impulsividade, Mentir e enganar, Atitude materialista, Influência negativa dos amigos.*

Compromisso de mudança

Como você usará os quatro passos e o Plano de Mudança de Comportamento para ajudar seu filho a realizar uma mudança de longo prazo? Nas linhas a seguir, escreva exatamente o que você concorda em fazer dentro das próximas 24 horas para dar início à mudança de comportamento de seu filho.

_____
_____
_____

Resultados da mudança

Todas as mudanças de comportamento exigem trabalho árduo, prática constante e reforço dos pais. Cada passo que seu filho dá em direção à mudança pode ser pequeno, por isso tome o cuidado de reconhecer e parabenizar cada um deles. São necessários, no mínimo, 21 dias para que os resultados reais comecem a aparecer, por isso não desista cedo demais. Lembre-se de que, se uma estratégia não funcionar, outra funcionará. Anote o progresso semanal da criança nas linhas a seguir. Faça registros de seu progresso diário no Diário de Mudanças.

SEMANA 1

_____
_____
_____

SEMANA 2

_____
_____
_____

SEMANA 3

COMPORTAMENTO 32

Palavrões

Meu filho de 12 anos começou a falar palavrão todos os dias. Não sei onde ele aprende coisas tão feias; com certeza não é em casa. Tenho medo de que ele não perceba e comece a dizer essas coisas na escola ou, pior ainda, na presença dos avós. Eles teriam um ataque do coração! Então o que fazer: compro algodão para tampar os ouvidos, lavo a boca do garoto com sabão ou faço alguma outra coisa para que ele pare com isso?

– Deborah, mãe solteira de três filhos, Edina, Minnesota

"Não ouse dizer isso de novo!"
"Se você falar essas coisas na escola, vai levar suspensão!"
"Onde aprendeu a falar desse jeito?"

DICA DE COMPORTAMENTO

Existem dois segredos para acabar com a boca suja: em primeiro lugar, definir o que não é aceitável; em segundo, censurar qualquer coisa que ele diga que ultrapasse o limite da civilidade e *não ceder*.

Não é novidade uma criança falar palavrões. É comum e quase rotina para muitos pré-adolescentes e adolescentes. Trata-se de um comportamento que você deve esperar das crianças menores também. Geralmente, quando eles deixam de dizer coisas inocentes, como "cabeça de melão", um ou outro palavrão acaba surgindo. Mas não há como estar preparado para quando uma palavra feia sai da boca de uma criança angelical, principalmente em público. A linguagem das crianças maiores pode atingir níveis de vulgaridade impossíveis de ignorar. O *ABC Nightly News* mostrou que 80% dos entrevistados acreditam que a vulgaridade está piorando e se tornou parte da cultura atual. É outro motivo pelo qual você precisa estar atento a essa mudança de comportamento, para que as ofensas não se tornem parte do jeito de ser de seu filho.

Quatro passos para acabar com o hábito de falar palavrões

Você pode usar os quatro passos a seguir como orientação para fazer seu filho parar de dizer palavrões.

Passo 1. Defina limites

Determine que palavras, gestos, expressões religiosas e piadas você considera ofensivos. Depois, deixe todos bem claros para seu filho. Mencione qualquer palavra que tenha escutado seu filho ou um amigo dizer. A regra é: "Se está em dúvida, não diga". Outras palavras podem ser adicionadas à lista conforme você e seu filho forem escutando-as em filmes, em letras de música ou até sendo ditas pelas pessoas.

Passo 2. Explique por que os palavrões não são aceitáveis

Se você quer que seu filho mude de comportamento, ele precisa entender por que você considera errada e ofensiva essa maneira de falar. Aqui estão alguns pontos que vocês podem discutir:

"O uso de palavrões pode se tornar um hábito difícil de deixar."
"Quando começamos a falar palavrões, é comum que deixemos escapar um ou outro com facilidade. E nunca sabemos quem pode escutá-los: seus avós, por exemplo, ou sua professora."
"As pessoas podem considerá-lo uma pessoa sem modos."
"As pessoas legais não dizem palavrão. E quero que as pessoas o considerem uma pessoa legal."
"Os palavrões são ofensivos para muita gente. A maioria das pessoas não gosta deles, e é falta de educação usá-los."
"Podem pensar coisas erradas de nossa família. Isso quer dizer que a reputação de todo mundo fica em jogo por causa de seu comportamento."
"Certas palavras beiram o assédio sexual e o insulto racial. Dizê-las pode magoar quem escuta e levá-lo a ter problemas com a Justiça."

Não se esqueça de falar sobre suas crenças e valores.

Passo 3. Ensine substitutos aceitáveis

Geralmente, os palavrões são ditos por frustração, choque ou raiva. As crianças usam palavrões porque não conhecem alternativas adequadas. Ajude-as a descobrir algumas. Em primeiro lugar, divirtam-se pensando em palavras alternativas que não sejam ofensivas e que não façam com que seu filho tenha problemas: *droga, caramba, carambola, saquinho*. Ou peça a ele que invente uma palavra. Então, incentive-o a usar esse substituto. De vez em quando, lembre-se de elogiar a criança por se esforçar para utilizar linguagem adequada.

Passo 4. Estabeleça uma consequência para quando ele disser palavrões e aplique-a de modo calmo e consistente

Você pode ficar chocado ou envergonhado, mas procure não exagerar na reação ao escutar seu filho dizer um palavrão. As crianças costumam testar novos comportamentos porque querem ver nossas reações. Assim, simplesmente lide com a questão normalmente. No caso de uma criança pequena que diz um palavrão pela primeira vez, abaixe-se, olhe-a nos olhos e diga com firmeza: "Não dizemos essa palavra em nossa família" ou "As pessoas educadas não falam isso". O comportamento costuma desaparecer rapidamente em crianças pequenas. No caso de uma criança maior, diga: "Você conhece a regra. Não quero escutar essa palavra de novo".

Se você perceber que o uso de palavrões se tornou um hábito, está na hora de estabelecer uma consequência. Veja, nas páginas 341-342, uma lista de opções. Lembre-se de que não há negociações.

Plano de mudança de comportamento

Relatórios mostram que estamos muito mais tranquilos em expor nossas vulgaridades em nossa sociedade de hoje do que estávamos meio século atrás. Você concorda? É diferente o uso dos palavrões hoje em relação à época de sua juventude? Você dizia palavrões na frente de seus pais? Como eles lidavam com eles? De uma maneira eficaz?

Em seguida, pense na linguagem que você e seu parceiro utilizam. Se você se sente culpado por dizer palavrões na presença de seu filho, comprometa-se a parar. Além disso, se você proíbe o uso de palavrões, mas os usa, estará enviando a seu filho uma mensagem errada.

VOCÊ SABIA?

Uma pesquisa recente do *USA Today* com diretores de escolas de ensino médio descobriu que 89% deles lidam, frequentemente, com linguagem vulgar e insultos em relação a professores e outros alunos. Um estudo da Universidade de Harvard com algumas escolas mostrou que 59% dos professores de escolas de centros urbanos e 40% de professores de escolas do interior dizem que têm de lidar com xingamentos e gestos obscenos de alunos.

Agora está na hora de agir para começar a mudar o comportamento de seu filho. Use seu Diário de Mudanças para anotar o que pensa e desenvolver seu plano:

1. Observe a cultura dele um pouco mais de perto: TV, Internet, filmes, *videogames* e músicas. Eles podem estar influenciando as novas escolhas de vocabulário de seu filho? Você precisa estabelecer padrões mais rígidos para as escolhas de diversão dele? Em caso afirmativo, o que vai fazer? E quanto ao gru-

po de amigos dele? Todos eles acham que falar palavrão é legal? Converse com seu filho sobre isso.
2. Procure entender por que seu filho está xingando. Talvez ele queira parecer mais durão ou mais maduro, provocar uma reação emocional, chamar atenção ou se impor diante de seus colegas? Além disso, ele anda mais nervoso e mais frustrado ultimamente e precisa de maneiras de reagir a seus sentimentos? Se você reconhecer que existe outro motivo causando o comportamento dele, pense bem e crie um plano específico para resolver a questão.
3. Reveja o Passo 1. Quais palavras, gestos e piadas você considera ofensivos? Relacione-os; depois, compartilhe-os com seu filho para que ele entenda suas orientações.
4. Reveja o Passo 2 e faça anotações de alguns pontos que expressem bem suas ideias. Discuta-as com seu filho.
5. Reveja o Passo 3. Ajude seu filho a pensar em palavras alternativas para substituir os palavrões.
6. Se os xingamentos continuarem, repita o Passo 4 e decida quais consequências estabelecerá para as infrações dele no futuro. Ignorar os palavrões não dará ao seu filho orientação para esse comportamento, por isso seja firme com a imposição das consequências.

➡ Ver também *Raiva, Intolerância, Crueldade, Influência negativa dos amigos, Comentários maldosos, Falta de educação.*

Compromisso de mudança

Como você usará os quatro passos e o Plano de Mudança de Comportamento para ajudar seu filho a realizar uma mudança de longo prazo? Nas linhas a seguir, escreva exatamente o que você concorda em fazer dentro das próximas 24 horas para dar início à mudança de comportamento de seu filho.

_____
_____
_____

Resultados da mudança

Todas as mudanças de comportamento exigem trabalho árduo, prática constante e reforço dos pais. Cada passo que seu filho dá em direção à mudança pode ser pequeno, por isso tome o cuidado de reconhecer e parabenizar cada um deles. São necessários, no mínimo, 21 dias para que os resultados reais comecem a aparecer, por isso não desista cedo demais. Lembre-se de que, se uma estratégia não funcionar, outra funcionará. Anote o progresso semanal da criança nas linhas a seguir. Faça registros de seu progresso diário no Diário de Mudanças.

SEMANA 1
_____
_____
_____

SEMANA 2
_____
_____
_____

SEMANA 3

COMPORTAMENTO 33

Respostas mal-educadas

De modo geral, nosso filho de 8 anos é bondoso e coopera. Mas ultimamente ele se tornou boca-suja e desafiador. Faz para meu marido e para mim aqueles comentários espertinhos que as crianças costumam dizer entre elas, como: "Você não manda em mim", "Você é tão idiota" e "Você não sabe de nada". As respostas mal-educadas têm nos tirado do sério. Ajude-nos!

– Nancy, mãe de dois filhos, Tulsa, Oklahoma

Você diz educadamente à sua filha: "Tatiana, quero que você esteja em casa às três horas". E sua queridinha responde: "Vai sonhando".

Você pergunta calmamente a seu filho: "Você pode, por favor, levar o lixo para fora?" E sua riqueza responde: "Leva você!"

DICA DE COMPORTAMENTO

Existem dois segredos para acabar com as respostas mal-educadas. Primeiro, interrompa-as antes que se tornem hábito. Em segundo lugar, quando decidir acabar com elas, seja firme e *não volte atrás*.

As respostas mal-educadas parecem ser cada vez mais frequentes, e esse comportamento irrita todos os adultos. Essa atitude costuma ter início aos 5 anos. Se você permitir que as respostas mal-educadas continuem, os resultados negativos podem se espalhar rapidamente. Acredite: Nenhum professor, técnico, líder de escoteiros ou pai de colega gosta de lidar com uma criança que não respeita ninguém. Felizmente, os desrespeitos, como reclamar, responder e resmungar, são alguns dos comportamentos inadequados mais fáceis de eliminar.

Quatro passos para eliminar as respostas mal-educadas

Você pode usar os quatro passos a seguir para acabar com a grosseria e as respostas mal-educadas de seu filho.

Passo 1. Repreenda a atitude na hora

Determine que comportamentos você considera desrespeitosos, de modo que seu filho saiba o que esperar. Todas as crianças erram de vez em quando, mas seu filho utiliza alguma palavra, frase ou gesto com frequência? É esse o comportamento que você precisa analisar. E sempre que seu filho demonstrar esse comportamento, repreenda-o na hora. Eis alguns exemplos de como outros pais têm feito isso. Perceba como as mensagens são direcionadas apenas ao comportamento desrespeitoso e *não* ao caráter da criança:

"Quando eu falo, você faz cara de impaciente. Isso é desrespeitoso, e você precisa parar com isso."

"Dizer que eu devo 'dar um tempo' e parar de falar com você não é aceitável. Não precisa falar assim."
"Você conversa comigo reclamando sempre que quer alguma coisa. Precisa usar um tom mais respeitoso."

Passo 2. Recuse-se a responder quando seu filho não o tratar bem

Estudos de desenvolvimento infantil revelam que as crianças têm maior probabilidade de responder de modo mal-educado se perceberem que tal comportamento não faz com que elas recebam mais atenção. Por isso, mantenha-se neutro e não responda. Não suspire, não encolha os ombros e não se mostre irritado. Além disso, procure não recorrer à chantagem nem dar bronca; essas táticas quase nunca funcionam e provavelmente apenas piorarão o comportamento. Se precisar, finja que não está percebendo ou, se tudo o mais falhar, saia de perto. *Apenas se recuse a continuar a conversa até que seu filho pare de responder mal – e faça isso todas as vezes.* Geralmente, quando a criança percebe que você não vai ceder, ela para. Eis alguns exemplos:

"Pare. Dizer que eu não sei de nada é desrespeitoso. Vamos voltar a conversar quando você falar direito."
"Não presto atenção em reclamações. Se quiser conversar comigo, tenha respeito. Vou para o outro cômodo."
"Vamos conversar quando você for capaz de escutar com respeito, sem fazer cara de tédio e sem reclamar."

Passo 3. Se a resposta mal-educada continuar sendo dada, estabeleça uma consequência

Suponha que você foi claro em relação a suas expectativas, mas a falta de respeito e as respostas continuam sendo dadas. Agora está na hora de determinar uma consequência para essa atitude. As consequências mais eficazes são aquelas claras para a criança, que têm duração específica, que são direcionadas ao ato desrespeitoso *e* adequadas à criança. Quando você estabelecer a consequência, reforce-a, *e não volte atrás!* Para um ato que já tenha sido repreendido, desenvolva um plano e recolha as assinaturas de todos os envolvidos. Mais uma ideia: permita que seu filho participe na criação de suas consequências; as crianças costumam criar consequências muito mais duras do que aquelas que criamos. Observe as páginas 341-342 para ver várias consequências. Muitas mães me contam que tiveram sucesso em acabar com as respostas mal-educadas fazendo com que os filhos dissessem uma frase mais respeitosa por dez vezes. Por exemplo: "Dá um tempo" seria substituída pela frase "Sim, mãe, farei isso".

Passo 4. Incentive o comportamento respeitoso

Uma das maneiras mais simples de aumentar a frequência de um comportamento é incentivá-lo quando vemos nosso filho fazendo algo corretamente. Mas os estudos têm mostrado que, na maior parte do tempo, fazemos o contrário: em vez de elogiarmos nossos filhos quando estes agem de modo respeitoso, apontamos quando eles estão se comportando incorretamente. Então, sempre que você escutar ou vir seu filho comportando-se de modo respeitoso, reconheça esse comportamento e expresse sua alegria. Aqui estão alguns exemplos:

"Dani, eu gosto desse tom respeitoso."

"Vanessa, obrigada por escutar com tanta educação ao que eu tinha a dizer."

"Que ótimo tom de voz, Camila! Que bom que você sabe dizer tudo certo."

"Sei que você ficou frustrado, Guilherme, mas não xingou dessa vez. É difícil mudar um hábito, mas vejo que você está tentando de verdade."

Plano de mudança de comportamento

Comece tentando se lembrar se você costumava responder mal a seus pais na infância. E seus irmãos? Qual era a reação de seus pais? Funcionava? Agora pense em seus filhos hoje em dia. Os relatórios mostram que cresce o número de crianças desrespeitosas e mal-educadas, que desafiam a autoridade. O que pode estar causando esse aumento? Como as crianças aprendem a responder?

> **VOCÊ SABIA?**
> Em uma pesquisa publicada na revista *Child*, apenas 12% dos dois mil adultos entrevistados acreditavam que seus filhos tratavam as pessoas com respeito; a maioria os descrevia como "rudes", "irresponsáveis" e "indisciplinados".

Agora está na hora de agir para começar a mudar o comportamento de seu filho. Use seu Diário de Mudanças para anotar o que pensa e desenvolver seu plano:

1. Analise atentamente o comportamento de seu filho e determine o que mais irrita você. Quais são os tipos de desrespeito e quando eles ocorrem?
2. Determine o que aconteceu um pouco antes desse comportamento ruim que provocou o desrespeito.
3. Identifique como você costuma reagir a seu filho. Pergunte a si mesmo por que não está funcionando.
4. Releia os quatro passos para acabar com as respostas mal-educadas. Se possível, converse sobre eles com seu parceiro.
5. Reconheça que, na maioria dos casos, os Passos 1 e 2 são essenciais para as mudanças de comportamento. Se esses passos eliminarem as respostas mal-educadas de seu filho, passe para o Passo 4. Se não, tente o Passo 3 e estabeleça consequências apropriadas para seu filho.

➡ Ver também *Desacato, Comentários maldosos, Palavrões, Choramingar*.

Compromisso de mudança

Como você usará os quatro passos e o Plano de Mudança de Comportamento para ajudar seu filho a realizar uma mudança de longo prazo? Nas linhas a seguir, escreva exatamente o que você concorda em fazer dentro das próximas 24 horas para dar início à mudança de comportamento de seu filho.

_____
_____
_____

Resultados da mudança

Todas as mudanças de comportamento exigem trabalho árduo, prática constante e reforço dos pais. Cada passo que seu filho dá em direção à mudança pode ser pequeno, por isso tome o cuidado de reconhecer e parabenizar cada um deles. São necessários, no mínimo, 21 dias para que os resultados reais comecem a aparecer, por isso não desista cedo demais. Lembre-se de que, se uma estratégia não funcionar, outra funcionará. Anote o progresso semanal da criança nas linhas a seguir. Faça registros de seu progresso diário no Diário de Mudanças.

SEMANA 1

_____

_____

SEMANA 2

_____

_____

SEMANA 3

_____

_____

COMPORTAMENTO 34

Dedurar

Nosso filho de 6 anos não para de reclamar de seu irmão mais novo, Sam, de 4 anos. Parece que ele fica esperando Sam fazer alguma coisa errada para me contar. Pensei que esse comportamento desapareceria com o tempo, mas está se tornando um hábito. Como faço para fazê-lo parar antes que Sam decida ir morar em outra casa?

– Martin, pai adotivo de sete filhos, Charleston, Carolina do Sul

"Vou contar para o papai!"
"Mamãe, ele me empurrou."
"A Carol não arrumou a cama."

DICA DE COMPORTAMENTO

A melhor maneira de acabar com o dedurismo é estabelecer uma regra: a menos que a acusação tenha a intenção de manter a pessoa acusada segura, você não vai levá-la em consideração.

A delação é um comportamento aprendido que costuma começar quando os filhos estão na fase pré-escolar. É de fato o primeiro passo na estrada do comportamento irritante, de "qualquer idade", o ato de fazer comentários maliciosos. Geralmente, a intenção de quem acusa é colocar o acusado em apuros ou chamar a atenção de um modo socialmente inaceitável. As crianças também acusam em busca de controle (pense bem: a criança se sente poderosa sabendo que pode complicar a vida de um irmão ou de um amigo). As acusações não são boas de maneira alguma; elas só fazem com que acusado e acusador percam a amizade, além de causar brigas e conflitos entre irmãos. Sem mencionar o fato de que a informação raramente é útil.

Três passos para acabar com a delação

Eis três passos que você pode usar como orientação para acabar com a delação e com comentários maliciosos.

Passo 1. Explique a diferença entre dedurar e contar

Dizer a um adulto que alguém está ferido ou correndo risco de ter problemas não é a mesma coisa que dedurar, mas agir de modo responsável. Especialmente nesses momentos, é importante que as crianças contem aos adultos se alguém estiver em perigo, sendo ameaçado, se estiver assustado ou ferido. Nesses casos, contar a situação não é causar problemas à pessoa, mas ajudá-la a não se prejudicar. É um bom momento para dizer a seu filho a quem ele pode recorrer se precisar contar sobre um problema. Explique também a diferença entre fofocar e contar. Elogiar um amigo por alguma conquista ou anunciar um acontecimento importante não é a mesma coisa que espalhar um comentário ruim que pode não ser verdadeiro.

Passo 2. Estabeleça uma regra de "não dedurar" e a reforce

Quando seu filho souber a diferença entre dedurar e contar, estabeleça uma regra rígida sobre não dedurar. As melhores regras são simples e claras: "Não vou prestar atenção a menos que alguém esteja com problemas" ou "São informações úteis ou inúteis?" Essas reações costumam bastar para ajudar as crianças pequenas a perceber que você está interessado em escutar apenas informações úteis. O segredo para acabar com a delação é ser firme com sua regra sempre que seu filho agir de modo inadequado.

Passo 3. Ensine-o a resolver problemas

Um dos motivos pelos quais as crianças deduram é porque elas podem não saber como resolver problemas, por isso elas nos procuram para que os resolvamos. Ajudar seu filho em todos os momentos não vai fazer com que ele desenvolva a confiança em si mesmo, por isso ensine a ele como resolver um problema para que ele aprenda a fazer isso por conta própria. A seguir veja quatro passos que você pode ensinar a seus filhos:

1. Pare e pergunte a si mesmo: "Esse é um problema meu?"
2. Pense: "Qual é o problema?"
3. Analise as soluções possíveis.

4. Planeje: escolha a melhor opção e faça um plano para utilizá-la.

A conversa com seu filho deve ser assim:

Filho: Adivinha o que o Beto está fazendo!
Mãe: Pergunte a si mesmo: o problema é dele ou seu?
Filho: Bom, ele pode se machucar.
Mãe: Certo, agora pense: Qual é o problema?
Filho: O Beto está subindo no armário para pegar um copo. Ele pode cair.
Mãe: Quais são as opções que você tem para que ele não caia?
Filho: Pegar o copo para ele ou entregar-lhe um copo de plástico.
Mãe: Eu sabia que você ia conseguir pensar em uma solução. Da próxima vez, não vai precisar da minha ajuda. Faça isso!

VOCÊ SABIA?

Uma pesquisa recente mostrou que 81% dos adolescentes estão mais dispostos a delatar alunos que possam pôr em risco a segurança no ambiente escolar, depois de uma série de ataques de alunos armados em instituições de ensino. Cuide para que seu filho compreenda que contar sobre uma ameaça não é fazer acusações nem fofoca. Quando o assunto é a segurança escolar, os alunos são os maiores detectores de problemas: dois terços dos adolescentes que cometem homicídio ou suicídio contam suas intenções a amigos. Ensine a seu filho a importância de contar a um adulto preocupações reais, com a garantia de que o relato dele seja levado a sério.

Plano de mudança de comportamento

Comece perguntando a si mesmo o que pode estar levando seu filho a dedurar. Aqui estão algumas possibilidades: Ele pode estar tentando chamar sua atenção? Ele sabe resolver os problemas? Acredita estar ajudando contando tudo o que acontece? Está com ciúme de um dos irmãos ou tentando se vingar de outra criança? Converse com outros adultos que conheçam bem seu filho. Ele demonstra o mesmo comportamento perto deles? Quando descobrir por que a criança está dedurando, desenvolva um plano para resolver o problema.

Em seguida, analise seu comportamento. Como você costuma reagir às delações feitas por seu filho? Talvez você esteja incentivando a atitude, sem querer, ao dar atenção a ela ou ao reagir a todas as reclamações. Nesse caso, planeje como mudar sua reação. A melhor costuma ser neutra: "Humm" ou "Sei". Não exagere na reação e se recuse a entrar nesse jogo.

Agora está na hora de agir para começar a mudar o comportamento de seu filho. Use seu Diário de Mudanças para anotar o que pensa e desenvolver seu plano:

1. Releia o Passo 1. Se você ainda não explicou a seu filho a diferença entre dedurar e contar, pense no que vai dizer e quando vai dizer. Talvez você tenha de fazer "encenações" para ajudar seu filho a reconhecer a diferença.
2. Converse com outros pais e professores para descobrir se eles têm regras para evitar as acusações. Então, crie uma regra na sua família, simples e clara, e a anuncie a seu filho.

3. Releia o Passo 3 e pense se seu filho realmente sabe resolver problemas sozinho. Em caso negativo, procure ensinar a ele o método de quatro passos para resolver problemas.

Lembre-se de dizer à criança que, sempre que ele se sentir inseguro ou acreditar que alguém pode se ferir, deve contar suas preocupações a um adulto de sua confiança. Incentive-a a usar a intuição para se manter segura.

➡ Ver também *Falta de amigos*, *Mentir e enganar*, *Brigas de irmãos*, *Choramingar*.

Compromisso de mudança

Como você usará os três passos e o Plano de Mudança de Comportamento para ajudar seu filho a realizar uma mudança de longo prazo? Nas linhas a seguir, escreva exatamente o que você concorda em fazer dentro das próximas 24 horas para dar início à mudança de comportamento de seu filho.

_____
_____
_____

Resultados da mudança

Todas as mudanças de comportamento exigem trabalho árduo, prática constante e reforço dos pais. Cada passo que seu filho dá em direção à mudança pode ser pequeno, por isso tome o cuidado de reconhecer e parabenizar cada um deles. São necessários, no mínimo, 21 dias para que os resultados reais comecem a aparecer, por isso não desista cedo demais. Lembre-se de que, se uma estratégia não funcionar, outra funcionará. Anote o progresso semanal da criança nas linhas a seguir. Faça registros de seu progresso diário no Diário de Mudanças.

SEMANA 1

_____

_____

_____

SEMANA 2

_____

_____

_____

SEMANA 3

_____

_____

COMPORTAMENTO 35

Vítima de provocações

Socorro! Acabei de me mudar para um bairro novo com meu filho de 8 anos. A garota da casa vizinha, de 12 anos, está provocando meu filho desde que ele chegou. Primeiro, o convidou para ir à casa dela e o deixou sozinho. Nesta semana, ela tem ligado para ele para rir de seu tamanho. Ela o chama de "tampinha". Semana passada, deixou um recado muito malcriado para ele, rindo de seu corte de cabelo. Tentei conversar com a mãe dela, mas foi terrível. Agora meu filho odeia a escola e quer voltar para onde morávamos.
— Melanie, mãe solteira de um filho, Jackson, Mississippi

DICA DE COMPORTAMENTO

Ser vítima pode se tornar um comportamento aprendido. Não é a única maneira de reagir a uma provocação maliciosa. É por isso que precisamos ensinar habilidades a nossos filhos para que eles aprendam a se defender desde pequenos.

"Mãe, ela me chamou de nariz de batata."
"Ele sempre faz cara feia para mim."
"Por que ele ri do meu peso na frente das outras crianças?"

Alguns dos maiores problemas com os quais os pais têm de lidar acontecem no bairro ou no parquinho onde as crianças se reúnem. Apesar de não conseguirmos evitar a dor que as provocações, as piadas preconceituosas e os insultos podem causar, podemos diminuir as chances de nossos filhos se tornarem vítimas. A melhor coisa a fazer é ensiná-los a lidar com esses tormentos.

Seis estratégias para lidar com provocações

Aqui estão algumas estratégias que são muito eficientes para ajudar as crianças a lidar com quem as provoca:

1. *Imponha-se*. Ensine seu filho a encarar com uma postura confiante quem o provoca: cabeça erguida, ombros para trás, olho no olho da pessoa. Seu filho deve falar sobre o comportamento injusto e dizer ao agressor de modo firme e controlado: "Isso é provocação. Pare" ou "Vá embora". Às vezes, a melhor reação é apenas dizer: "Corta essa!" Lembre-se de que a maneira como as crianças dizem alguma coisa geralmente é muito mais importante do que aquilo que dizem, então ajude seu filho a praticar usando uma postura mais assertiva.
2. *Ignore*. Quem persegue adora saber que suas provocações magoaram as vítimas, por isso ajude seu filho a encontrar uma maneira de não se deixar atingir. Conversei com um grupo

de crianças de 11 anos e perguntei como elas lidam com as provocações, e todas me disseram que a pior coisa que se pode fazer é deixar que a pessoa que faz as provocações saiba que está magoando o colega, mesmo que magoe. Aqui estão as sugestões que eles deram sobre como ignorar as perseguições:

- Finja que quem provoca é invisível.
- Afaste-se sem olhar para ele.
- Olhe para outro lado e ria.
- Não demonstre que a provocação o incomoda.
- Fique calado.
- Mostre-se totalmente desinteressado.

Ignorar provocações não é fácil. É preciso muita prática e incentivo dos pais para que os filhos adquiram essa habilidade.

3. *Questione o insulto.* Ann Bishop, que leciona em programas de combate à violência, diz a seus alunos que eles devem reagir a um insulto com uma pergunta não defensiva: "Por que você diria uma coisa dessas?" ou "Por que você quer me dizer que eu sou burro ou gordo ou qualquer coisa que seja para ferir meus sentimentos?"

4. *Use "Eu quero".* Os especialistas em comunicação sugerem que você ensine seu filho a abordar quem o persegue, começando com "Eu quero" e dizendo com firmeza o que quer que mude: "Eu quero que você me deixe em paz" ou "Eu quero que pare de me atormentar". O segredo é passar a mensagem com firmeza e de modo confiante, para que não pareça estar com medo.

5. *Concorde com quem o persegue.* Pense em ajudar seu filho a criar uma frase na qual concorde com quem o persegue. Por exemplo:

Provocador: Você é burro.
Criança: Sim, mas sou bom nisso.

Provocador: Ei, cabeça-chata.
Criança: Você tem razão. Sou nordestino e me orgulho disso.

6. *Faça piada das provocações*. Fred Frankel, autor de *Good Friends Are Hard to Find*, sugere que as vítimas reajam às provocações com uma resposta, mas que *não provoquem*. Assim, as provocações param, segundo Frankel, porque a criança mostra ao perseguidor que não vai permitir que as provocações a tirem do sério (mesmo que tirem). Suponha que o perseguidor diga: "Você é burro". A criança deve responder algo ensaiado, como "E daí?", "Jura?" ou "Obrigado por me dizer". Frankel afirma que a resposta é essencial: deve ser ensaiada e dita com o mínimo de abalo emocional possível.

> **VOCÊ SABIA?**
> A Associação Nacional de Educação afirma que todos os dias 160 mil crianças faltam à aula porque têm medo de ser perseguidas, provocadas e humilhadas por outros alunos.

Plano de mudança de comportamento

Pense em sua infância. Você era provocado? Como lidava com isso? Sua reação surtia efeito? Você contava a alguém? Em caso afirmativo, como essa pessoa reagia? O que você faria de diferente hoje em dia? E desde então? Ultimamente, você passou por algum tipo de provocação em seu local de trabalho ou em casa? Já provocou alguém? Consegue se lembrar do motivo pelo qual fez isso? Qual é sua opinião sobre isso agora? Converse com outros pais para descobrir se os filhos deles estão passando por provocações. Em caso afirmativo, o que eles estão fazendo para ajudar as crianças a lidar com isso?

Agora está na hora de agir analisando o comportamento de seu filho. Use seu Diário de Mudanças para anotar o que pensa e desenvolver seu plano:

1. Repasse as estratégias com seu filho e escolha as duas primeiras com as quais praticar.
2. Ensaie e pratique a estratégia com seu filho. Encene os papéis, mudando entre quem vai provocar e quem está sendo provocado.
3. Quando seu filho se sentir à vontade o bastante com a nova habilidade, incentive-o a testá-la da próxima vez que for provocado.
4. Lembre a ele que pode ser que não funcione da primeira vez, mas quanto mais ele tentar, mais fácil ficará.
5. Se não funcionar, comece de novo. Escolha outra técnica, ensaie e encene, tentando de novo.

Pense nisto

Tenho certeza de que, quando nossos filhos têm 4 ou 5 anos, nós, como pais e professores, fazemos algo muito errado, permitindo que eles aprendam o papel de vítima e de vilão. Por exemplo, quando as crianças em idade pré-escolar entram em conflitos ou problemas, geralmente pedimos que resolvam tudo sozinhas. Dizemos: "Deixem-nas resolver as coisas", querendo uma solução simples ou rápida. Mas isso é fácil demais. Deveríamos:

1. Interromper o comportamento no mesmo instante.
2. Mandar uma mensagem clara de que as provocações não serão toleradas.
3. Mostrar às duas crianças o que deve ser feito. Quem provoca precisa aprender empatia, habilidades sociais e controle da raiva. A criança que sofre a provocação precisa aprender a ser assertiva e a se defender.

➡ Ver também *Vítima de* Bullying, *Falta de amigos, Influência negativa dos amigos.*

Compromisso de mudança

Como você usará as seis estratégias e o Plano de Mudança de Comportamento para ajudar seu filho a realizar uma mudança de longo prazo? Nas linhas a seguir, escreva exatamente o que você concorda em fazer dentro das próximas 24 horas para dar início à mudança de comportamento de seu filho.

Resultados da mudança

Todas as mudanças de comportamento exigem trabalho árduo, prática constante e reforço dos pais. Cada passo que seu filho dá em direção à mudança pode ser pequeno, por isso tome o cuidado de reconhecer e parabenizar cada um deles. São necessários, no mínimo, 21 dias para que os resultados reais comecem a aparecer, por isso não desista cedo demais. Lembre-se de que, se uma estratégia não funcionar, outra funcionará. Anote o progresso semanal da criança nas linhas a seguir. Faça registros de seu progresso diário no Diário de Mudanças.

SEMANA 1
_____
_____
_____

SEMANA 2
_____
_____
_____

SEMANA 3
_____
_____
_____

COMPORTAMENTO 36

Acessos de raiva

Estou começando a achar que nossa filha de 3 anos está possuída. Quando não consegue as coisas do jeito que quer, tem ataques: grita, se joga no chão e se debate. É uma coisa horrorosa de ver. Ontem, ela deu um desses escândalos no quintal, por causa de um doce, bem na frente de nossos vizinhos. Fiquei arrasada. Devo procurar um exorcista, ou há uma alternativa?

– Kelly, mãe de quatro filhos, Edmonton, Alberta, Canadá

"Você não vai acreditar o que sua filha angelical fez hoje no supermercado! Parecia que estava tentando conseguir um papel no filme *O exorcista*!"

DICA DE COMPORTAMENTO

Um chilique ou um acesso de raiva é o modo que as crianças têm de conseguir o que querem, porque aprenderam que isso funciona. O segredo para acabar com os chiliques é *nunca* ceder quando seu filho recorrer a esse comportamento.

"Ele chutou, gritou e berrou porque eu não dei o que ele queria. Os olhares dos outros pais me deixaram morta de vergonha!"

Os acessos de raiva certamente estão no topo da lista de "comportamentos odiosos" para os pais. São cenas que merecem o Oscar: gritos estridentes, comportamento descontrolado, socos e pontapés. Quando seu filho tem um "chilique" na escola ou no parque, você se sente muito envergonhado. Então por que essas crianças assumem esse comportamento tão ruim? Simplesmente porque aprenderam que os acessos de raiva são bem-sucedidos – mesmo que pouco civilizados, e que, com eles, conseguem a atenção que querem. É de esperar que seu filho de 1 a 3 anos de idade adote essa atitude, e é igualmente comum em meninas e meninos. As crianças maiores às vezes recorrem a esse comportamento, principalmente quando passam por um estresse ou uma mudança na vida. Conhecemos pelo menos um adulto que já gritou, bateu portas e quebrou alguma coisa. Seu filho vai continuar tendo essa atitude dependendo da forma com que você reagir a ela da primeira vez. Quando ele perceber que obtém atenção com isso, vai recorrer ao comportamento com frequência.

Cinco passos para acabar com os chiliques

Use estes cinco passos para acabar com os acessos de raiva de seu filho:

Passo 1. Preveja a raiva para impedir o chilique

O maior erro que cometemos é esperar até que nossos filhos estejam dando chilique para lidar com o comportamento descontrolado. A melhor maneira de cuidar disso é prever o acesso *antes da explosão*. Observe os sinais que seu filho dá de que um chilique vai acontecer – tensão, inquietação, resmungos – e imediatamente redirecione o comportamento. "Veja aquele menininho ali", "Quer sair do carrinho e empurrá-lo com a mamãe?" Às vezes é interessante apontar os sinais de irritação de seu filho. "Parece que você está ficando cansado. Vamos passear".

Os pequenos ainda não têm maturidade para controlar suas emoções, por isso você precisa, antes de mais nada, orientá-los. Se perceber que a criança está ficando frustrada, será o momento de usar técnicas para acalmá-la, para que fique sob controle. Olhe nos olhos dela e fale de modo gentil: esfregue as costas dela, segure-a com delicadeza ou murmure uma canção relaxante. Às vezes, expressar o que seu filho está sentindo pode impedir a explosão. "Esperar é difícil, principalmente quando queremos ir para casa." Talvez ele não tenha a habilidade de expressar suas frustrações, por isso pode ser tranquilizante ouvir você dizendo o que ele está sentindo. Quando descobrir o que funciona melhor para o temperamento dele, coloque isso em prática. O comportamento das crianças pode se transformar em um tornado em tempo recorde.

Passo 2. Estabeleça uma regra de tolerância zero para acessos de raiva

Quando seu filho explodir, recuse-se totalmente a interagir com ele até que o acesso de raiva diminua. Ele precisa saber que seu comportamento não vai ser tolerado. Não grite, não bata nem tente conversar com seu filho; nada disso costuma funcionar. Além disso, ele não vai escutar o que você diz em meio aos gritos. Se precisar, use protetores auriculares ou um fone de ouvido, mas não reaja de modo algum. Nem sequer estabeleça contato visual. Às vezes, é preciso segurar uma criança descontrolada para impedir que ela se machuque ou que fira outras pessoas, mas, quando ela estiver em um local seguro, continue fazendo suas coisas.

Passo 3. Use a "pausa para pensar" no caso de chiliques constantes

A melhor consequência para os ataques constantes é uma pausa para pensar. Lide com o acesso de raiva assim que ocorrer; não espere para lidar com ele mais tarde. Com calma, leve seu filho a um local reservado para que ele pense. Seu filho deve saber que não merece brincar nem receber atenção de ninguém quando se comportar mal.

O tempo é diferente para cada criança, mas seu filho deve ficar afastado – ou no "local dos irritados" ou na "cadeira da calma" – até ele se acalmar, por pelo menos dois minutos. Se ele começar a gritar e a se debater de novo, volte-o ao local para pensar. Geralmente, a parte mais difícil nisso tudo é que você consiga se manter calmo. Os ataques assustam, e sua calma ajudará seu filho a retomar o controle. ATENÇÃO: Não permita que seu filho recorra a um ataque para fugir de responsabilidades (como realizar uma tarefa doméstica ou a lição de casa). Ele deve saber que, quando estiver controlado de novo, terá de terminar a tarefa.

Passo 4. Use a política contra chiliques em todos os locais

Assim que estabelecer uma política de comportamento, é essencial que você use a mesma reação *todas as vezes* em que ele se comportar mal, de modo que ele saiba que você está falando sério. Isso serve para quando vocês estiverem fora de casa também. Tire seu filho do local: encontre um espaço reservado, vá ao carro e fique ali até que ele comece a se comportar direito ou volte para casa. Sim, é inconveniente. Sim, as pessoas lançarão olhares, mas você não pode tolerar o comportamento inapropriado de seu filho.

Se seu filho estiver tendo acessos de raiva com outras pessoas – como seu parceiro, professores, parentes, babás ou funcionários da escola –, estabeleça com eles um plano para lidar com esse comportamento. A constância é essencial para acabar com os chiliques. Defina qual será o espaço para "pensar" e enfatize que o adulto não deve prestar atenção alguma em seu filho até que ele se acalme. Seu filho só poderá ficar com outras pessoas quando estiver agindo normalmente. Mantenha contato com as pessoas que cuidam de seu filho para saber se ele tem feito progresso.

Passo 5. Ensine alternativas positivas à perda de controle

É essencial que seu filho perceba que é normal ficar chateado, mas não está certo demonstrar essa chateação de modo não civilizado. Então, quando vocês dois estiverem calmos, conversem sobre maneiras adequadas de lidar com as frustrações. Muitas vezes as crianças usam comportamentos incorretos simplesmente porque não conhecem uma maneira mais aceitável de se comportar. Mostre a elas como expressar sentimentos usando palavras, em vez de ataques. Ensine algumas palavras que expressam sentimentos – como *nervoso*, *bravo*, *triste*, *mal-humorado*, *cansado* ou *frustrado* – e então incentive seu filho a dizer como se sente: "Estou bravo" ou "Estou de mau humor". Elogie-o quando ele demonstrar suas frustrações: "Você pediu ajuda quando estava chateado. Que bom!" Também pode encenar maneiras de ajudá-lo a expressar suas necessidades corretamente: "Em vez de pegar o jogo à força, diga a seu irmão que quer brincar também. Tente fazer isso". Apesar de os ataques de raiva não serem agradáveis, você pode usá-los para ensinar lições importantes sobre necessidades de comunicação e sobre como lidar com as frustrações corretamente.

Plano de mudança de comportamento

Comece a mudança de comportamento de seu filho conversando com outros pais sobre os ataques. Assim, você reconhecerá que os ataques são mais comuns do que você pensa. Com que frequência os filhos deles os demonstram? O que dá início a esse comportamento? Como eles reagem? O que parece dar certo?

> **VOCÊ SABIA?**
> Uma das melhores maneiras de acabar com os ataques é ignorá-los. T. Berry Brazelton, renomado pediatra e autor, fala sobre uma regra essencial: quanto mais envolvido você estiver em tentar diminuir a intensidade do acesso de raiva, mais tempo ele vai durar. Por isso, não dê atenção a seu filho quando ele estiver tendo um chilique e tente fazer suas coisas de modo que não reforce o comportamento inadequado.

Agora está na hora de agir para começar a mudar o comportamento de seu filho. Use seu Diário de Mudanças para anotar o que pensa e desenvolver seu pláno:

1. Releia o Passo 1 e determine o que irrita seu filho. Observe-o pelos próximos dias. Escreva o padrão que percebe que acontece *antes* da explosão. Quando souber o que provoca o ataque, conserte-o. Assim, você pode impedir ou minimizar o acesso.
2. Como você está reagindo aos acessos de seu filho? Se possível, converse com outro adulto que sirva de testemunha. Qual parte de sua reação não é eficaz? Além disso, observe se há outros adultos com os quais seu filho *não* esteja demonstrando esse comportamento e tente entender por que ele não está agindo assim com eles.
3. Releia os outros passos. Reconheça que, na maioria dos casos, os Passos 1, 2 e 4 são obrigatórios para a mudança de comportamento. Se esses passos não conseguirem acabar com o comportamento inapropriado de seu filho, adicione o Passo 3 e administre o "tempo para pensar".
4. Se seu filho estiver tendo acessos com outras pessoas, releia o Passo 4, marque um encontro e crie um plano de comportamento. Lembre-se de que vocês serão mais bem-sucedidos se trabalharem juntos de modo constante.
5. Reveja as alternativas positivas no Passo 5, e escolha uma para ajudar seu filho a lidar com as frustrações de modo mais adequado. Pratique a estratégia com seu filho até que ele fique à vontade usando uma sozinho, e então incentive o empenho dele.
6. Se você perceber que esse comportamento continua (especialmente se seu filho estiver em idade escolar) ou se ele tiver dificuldades para se acalmar, procure ajuda profissional.

➡ Ver também *Raiva, Ansiedade, Agressão, Impulsividade, Gritos.*

Compromisso de mudança

Como você usará os cinco passos e o Plano de Mudança de Comportamento para ajudar seu filho a realizar uma mudança de longo prazo? Nas linhas a seguir, escreva exatamente o que você concorda em fazer dentro das próximas 24 horas para dar início à mudança de comportamento de seu filho.

_____
_____
_____

Resultados da mudança

Todas as mudanças de comportamento exigem trabalho árduo, prática constante e reforço dos pais. Cada passo que seu filho dá em direção à mudança pode ser pequeno, por isso tome o cuidado de reconhecer e parabenizar cada um deles. São necessários, no mínimo, 21 dias para que os resultados reais comecem a aparecer, por isso não desista cedo demais. Lembre-se de que, se uma estratégia não funcionar, outra funcionará. Anote o progresso semanal da criança nas linhas a seguir. Faça registros de seu progresso diário no Diário de Mudanças.

SEMANA 1

_____
_____
_____

SEMANA 2

_____

_____

_____

SEMANA 3

_____

_____

_____

COMPORTAMENTO 37

Choramingar

N ossa filha de 4 anos tem adotado um novo hábito muito ruim que está nos deixando loucos. Sempre que ela quer alguma coisa do jeito dela, começa a falar com uma voz tão estridente que me faz lembrar uma broca de dentista. É tão embaraçoso que estamos com medo de sair com ela em público. Por favor, diga o que podemos fazer para que ela pare de choramingar! Estamos nos transformando em eremitas!

– Sue, mãe de três filhos, Pittsburgh, Pensilvânia

"Não suporto esse tom de voz. É pior que esfregar a unha na lousa."
"Quando ela começa, sei que só vai parar quando eu ceder."
"Ela só tem 4 anos, mas a maneira como suplica pelas coisas me deixa louco!"

DICA DE COMPORTAMENTO

As crianças choramingam principalmente para chamar nossa atenção. Elas mantêm esse comportamento irritante se cedermos, porque aprendem que funciona! Por isso, *não ceda!*

O choramingo – som estridente, alto e insistente – é um dos comportamentos infantis mais irritantes. Os gritos são mais torturantes que a broca de um dentista. Como se não bastasse, os choramingos são completados com sílabas prolongadas: "Por favooooor" ou "Papaaaaaiii". Além disso, as reclamações logo podem se transformar em um acesso de raiva bem feio. Apesar de a criança chegar ao ápice desse comportamento aos 4 anos, ele pode continuar sendo utilizado nos anos escolares. Mas há boas notícias a respeito: os choramingos são aprendidos, por isso podem ser desaprendidos. E quanto antes você começar a mudar o comportamento de seu filho, maiores serão as chances de o hábito cessar.

Quatro passos para acabar com os choramingos

Você pode usar os quatro passos a seguir como guia para eliminar os choramingos e mudar o comportamento de seu filho:

Passo 1. Estabeleça uma regra de tolerância zero para os choramingos

Fique tranquilo sabendo que toda criança choraminga de vez em quando, mas a melhor maneira de criar um hábito é deixar o reclamão vencer. Preste atenção: quando você se rende a isso, os filhos começam a utilizar o comportamento como um modo para conseguirem o que querem. Pior ainda: se o choramingo não for impedido, vai se tornar respostas malcriadas, resmungos e acessos de raiva. Então, resumindo, *não deixe seu filho acreditar que funciona.*

A melhor maneira de impedir esse comportamento é se recusar totalmente a escutar a um pedido em tom de reclamação. Ao primeiro sinal de choramingo, diga: "Pare! Não escuto reclamações ditas desse modo irritante. Diga-me o que você quer de modo correto". Então, afaste-se ou vire-se e ignore seu filho. Vire-se novamente quando a reclamação acabar (mesmo que seja por alguns segundos) e diga: "Escuto pedidos feitos com voz normal. Posso ajudá-lo agora?" O segredo é não se mostrar irritado nem reagir com excesso.

Passo 2. Use tom de voz adequado

Escolha um momento calmo para conversar com seu filho e para explicar por que choramingar é inaceitável. O ponto principal é se certificar de que ele saiba a diferença entre uma voz de choramingo e um tom normal. Você pode dizer: "Você está choramingando para tentar chamar minha atenção. Só escutarei quando você estiver falando com educação".

Em seguida, mostre a seu filho como é falar de modo mais aceitável. Não suponha que ele conheça a maneira certa de falar. Os choramingos podem ter se tornado um hábito, de modo que ele não saiba como seu tom é irritante. Procure mostrar a seu filho o tom de voz que espera que ele use. Por exemplo: "Esta é minha voz quando estou choramingando: 'Não quero fazer isso!' Este é meu tom educado: 'Por favor, pode me ajudar?' Quando você quiser alguma coisa, fale como eu falo, de modo educado. Agora tente você". Tome o cuidado de não imitar seu filho. Seu objetivo é ensinar, de modo que ele compreenda quais são suas expectativas sem que, contudo, se sinta ridicularizado.

Passo 3. Estabeleça suas regras

Avise-o que ele sempre vai receber um não quando começar a choramingar. Então, recuse-se a escutar qualquer choramingo de seu filho. Geralmente, uma criança para de reclamar quando percebe que seu comportamento não a está levando a lugar algum, por isso ela precisa perceber que essa regra não é negociável.

Passo 4. Estabeleça uma consequência para o caso de os choramingos continuarem

Você deve estar se perguntando: "O que fazer se meu filho continuar a choramingar?" A resposta é simples: você *deve* estabelecer uma consequência imediata de modo que seu filho perceba que você não vai tolerar tal atitude. E a mesma coisa deve ser feita com outros comportamentos inaceitáveis, como responder de modo mal-educado, agredir, cuspir ou discutir. Não cometa o erro de pensar que pode esperar voltar para casa para corrigir o comportamento de seu filho. Sempre que os choramingos ocorrerem, a consequência deve acontecer também. Talvez isso faça com que você tenha de mudar de planos se, por exemplo, seu filho começar a choramingar no meio de uma compra no mercado. Mas, se você deseja acabar com esse comportamento de verdade, diga no mesmo instante e com calma: "Você está choramingando e conhece as regras. Vamos embora agora".

As consequências acabam com os comportamentos ruins se forem usadas *todas as vezes que o comportamento ruim for adotado*. Preste atenção: se você não cumprir o que diz, o choramingo vai aumentar. Isso ocorre porque seu filho acredita que você vai ceder. Você também não deve demonstrar emoções ao aplicar as consequências: nada de fazer sermões, demonstrar raiva ou se mostrar irritado. Além disso, lembre-se de elogiar seu filho quando ele usar o tom de voz adequado. É preciso tempo para acabar com um hábito, por isso sempre incentive os bons esforços dele. Acima de tudo, *não ceda*.

Plano de mudança de comportamento

Comece pensando nas crianças que choramingam. Por que você acha que elas lançam mão desse comportamento? Os choramingos são aprendidos, então onde você acha que seu filho os aprendeu? Como os outros pais que você conhece reagem a isso? Como seus pais reagiam? Que reações, por parte dos pais, você considera mais eficazes para pôr fim ao choramingo?

> **VOCÊ SABIA?**
> Audrey Ricker e Carolyn Crowder, autores de *Whining: Three Steps to Stopping It Before the Tears and Tantrums Start*, dizem que a reclamação quase nunca acaba sem a intervenção dos pais. As poucas crianças que param de resmungar sozinhas costumam fazer isso porque encontraram maneiras mais eficientes, mas geralmente não mais construtivas, de satisfazer suas necessidades. Entre elas podem estar a mentira, o roubo, fugir de casa à noite ou até comportamentos mais destrutivos, como o uso de drogas e de álcool.

Agora está na hora de agir para começar a mudar o comportamento de seu filho. Use seu Diário de Mudanças para anotar o que pensa e desenvolver seu plano:

1. Pense sobre como você costuma reagir aos resmungos de seu filho. Se possível, discuta esse assunto com seu parceiro ou com outro pai que conheça você e seu filho bem. Por que sua reação não conseguiu interromper esse comportamento? Seu filho usa esse comportamento com outros adultos? Em caso afirmativo, com quem? Com quem ele não usa esse comportamento? Por que não?
2. Releia os Passos 1, 2 e 3 e comprometa-se a não mais tolerar os resmungos de seu filho. Pense bem para saber o que dirá para explicar suas novas expectativas em relação ao comportamento dele. O mais importante é planejar como você reagirá da próxima vez em que seu filho resmungar. Reconheça que, na maioria dos casos, os Passos 1 e 2 são obrigatórios para as mudanças de comportamento.
3. Geralmente existe um padrão previsível para o comportamento das crianças no qual certas situações têm mais chances de provocar o comportamento. Pense em seu filho e identifique em quais circunstâncias ele resmunga mais. Por exemplo, em determinado momento do dia, quando está cansado ou com fome? Quando você está ao telefone e ele quer sua atenção? Quando você está cansado? Quando você perceber o padrão, vai saber prever melhor quando seu filho pode começar a resmungar e poderá agir antes que isso ocorra. Por exemplo, você pode distraí-lo antes que ele comece a resmungar: "Veja, que borboleta linda!" As crianças costumam resmungar para chamar atenção, por isso você pode agir com antecedência: "Vou sair do telefone em dois minutos. Assim que eu terminar, vamos ler um livro".
4. Se não for cortado pela raiz, o problema raramente vai embora sozinho. Se os resmungos persistirem, tente o Passo 4 e

estabeleça consequências que sejam adequadas para seu filho. Lembre-se de que as melhores consequências se encaixam na situação e são tomadas imediatamente. Faça uma lista de coisas que você pode fazer se seu filho começar a resmungar em público e em casa. Assim que o resmungo começar, você estará pronto. Aqui estão algumas ideias adequadas:

Se a criança for pequena, crie uma "cadeira do resmungo" em casa e use-a quando for preciso: "Você está resmungando, vá se sentar na cadeira do resmungo por dois minutos para se lembrar de usar um tom de voz adequado quando quiser falar comigo".

Quando estiver dirigindo, pare no acostamento (se for seguro) e espere até seu filho começar a falar corretamente. Escute música ou leia um livro enquanto espera. Ele vai entender.

Em público, como no restaurante, *shopping*, cinema ou parque, afaste-se com seu filho imediatamente. Você e seu parceiro talvez tenham de sair em dois carros, com o reclamão deixando a cena do crime com um de vocês.

A boa notícia é que geralmente você precisará fazer isso uma ou duas vezes para que seu filho compreenda que você está falando sério. Apenas não recue!

➡ Ver também *Raiva, Impulsividade, Falta de educação, Respostas mal-educadas, Gritos*.

Compromisso de mudança

Como você usará os quatro passos e o Plano de Mudança de Comportamento para ajudar seu filho a realizar uma mudança de longo prazo? Nas linhas a seguir, escreva exatamente o que você concorda em fazer dentro das próximas 24 horas para dar início à mudança de comportamento de seu filho.

_____

_____

_____

Resultados da mudança

Todas as mudanças de comportamento exigem trabalho árduo, prática constante e reforço dos pais. Cada passo que seu filho dá em direção à mudança pode ser pequeno, por isso tome o cuidado de reconhecer e parabenizar cada um deles. São necessários, no mínimo, 21 dias para que os resultados reais comecem a aparecer, por isso não desista cedo demais. Lembre-se de que, se uma estratégia não funcionar, outra funcionará. Anote o progresso semanal da criança nas linhas a seguir. Faça registros de seu progresso diário no Diário de Mudanças.

SEMANA 1

_____

_____

_____

SEMANA 2

_____

_____

_____

SEMANA 3

COMPORTAMENTO 38

Gritos

Espero que haja alguma coisa – qualquer coisa – que você possa me sugerir. Parece que nosso filho de 12 anos só consegue se comunicar gritando. Ele começa a falar em um tom normal, mas logo começa a berrar. Agora, nosso outro filho está gritando também. Eles não fazem isso com os amigos, então por que ficam gritando um com o outro? Como podemos melhorar as coisas?

– John, pai de dois filhos, Orlando, Flórida

"MÃÃÃÃÃE, CADÊ MEU SAPATO?"
"EU JÁ FIZ ISSO!"
"ODEIO VOCÊ, FELIPE!"

DICA DE COMPORTAMENTO

O principal motivo pelo qual as crianças gritam é porque escutam outras pessoas de seu convívio fazerem o mesmo. Por isso, não grite com ninguém de sua família ou de fora dela, e, quando seu filho gritar, *nunca* grite em resposta.

Os gritos dentro de casa são uma maneira certa de acabar não apenas com a paciência, mas também com a harmonia familiar. Além disso, ninguém gosta de ficar perto de pessoas que gritam. Tolerar uma criança gritando só ensina a ela que gritar é o modo mais eficaz para conseguir o que se quer. Pior ainda, quanto mais gritos, mais alto precisa ser o volume a cada vez. Os membros da família se acostumam com os gritos, que ficam mais estridentes e com maior frequência, e logo todo mundo começa a gritar para ser ouvido. A menos que seu filho tenha um problema de audição – e, por favor, não pense que ele tem se não tiver feito exames –, gritar é um comportamento aprendido. Ao eliminar esse comportamento, você terá uma família mais calma e pacífica. Por isso, não espere!

Quatro passos para acabar com os gritos e aumentar a harmonia familiar

Eis quatro passos para ajudar você a acabar com os gritos e para ajudar seu filho a aprender a se comunicar usando um tom de voz mais adequado.

Passo 1. Mantenha a firmeza e a calma ao dizer "Nada de gritos!"

Comece estabelecendo de modo firme que os gritos não serão mais tolerados. Diga a quem grita que, apesar de ser normal ficar irritado, não se pode gritar para expressar os próprios sentimentos. Então, passe sua expectativa aos outros membros da família.

Pense em estabelecer um acordo para "acabar com os gritos". A promessa deve ser escrita em um pedaço de papel, assinada por todos os membros e exposta em um local de fácil acesso.

Passo 2. Recuse-se a conversar com alguém que grita

Pense em criar um sinal – como puxar a ponta da orelha ou fazer um gesto com as mãos – com a pessoa que costuma gritar, que seja utilizado para indicar o tom de voz inadequado. Assim, quando ela subir um tom na escala, dê o sinal. Esse sinal indica que ela precisa falar mais baixo imediatamente, caso contrário você não vai escutar. Se ela continuar usando um tom de voz alto demais, simplesmente se recuse a escutar. Explique de modo firme e calmo: "Você está gritando, e eu só presto atenção quando usa um tom de voz normal". Afaste-se e passe a fazer as suas coisas até que ela comece e falar de modo respeitoso. Enquanto ela continuar gritando, continue andando. Se precisar se trancar no banheiro, faça isso. A pessoa precisa perceber que você está falando sério, por isso seja firme.

Passo 3. Ensine maneiras alternativas de expressar necessidades

Muitas crianças gritam sem parar porque não sabem expressar a frustração de outro modo. Por isso, ensine uma nova maneira a seu filho.

Uma opção é praticar o novo tom. Não suponha que seu filho sabe usar um tom de voz adequado; mostre a ele: "Você está gritando e isso não é aceitável. Escute como é falar de modo calmo, como eu faço quando quero alguma coisa. E então pode falar como eu". Ou: "Sua voz é alta demais. Você está irritado? Diga a Susana por que você está irritado, mas usando um tom de voz normal".

Outra maneira é usar mensagens com "eu". Explique que, em vez de começar as mensagens com "você", ele deve começar dizendo "eu". Isso ajuda seu filho a se manter concentrado no comportamento problemático da pessoa sem decepcioná-la, de modo que a chance de haver acessos emocionais (e gritos) é reduzida. A criança então conta a quem a ofendeu o que está sentindo. Também pode dizer como gostaria que o problema fosse resolvido. Por exemplo: "Eu fico muito chateado quando você pega as minhas coisas. Quero que me peça permissão antes" ou "Eu não gosto de ser provocado. Por favor, pare".

Passo 4. Estabeleça uma consequência para os gritos constantes

Se você já testou todos os métodos e os gritos continuam ocorrendo, está na hora de estabelecer uma consequência. Procure explicar a consequência em um momento sem pressões, não durante uma sessão de grito. Diga à criança pequena que sempre que ela gritar, terá de passar um tempo na "cadeira para pensar" para que ela se lembre de como falar direito. Ao final desse tempo, ajude-a a expressar suas preocupações usando um tom de voz adequado. Uma consequência adequada para crianças maiores é perder o privilégio de usar o telefone por algum tempo (por uma hora ou a noite inteira, dependendo das circunstâncias): "Se você não consegue falar direito com sua família, então não poderá conversar com seus amigos". Quando estabelecer a consequência, a firmeza é essencial! Use a mesma consequência sempre que seu filho gritar.

> **VOCÊ SABIA?**
> Um estudo com 991 pais, realizado pelo sociólogo Murray A. Straus, co-diretor do Laboratório de Pesquisa Familiar da Universidade de New Hampshire, descobriu que metade dos pais entrevistados já havia gritado com seus filhos pequenos. Quando a criança chega aos 7 anos, 98% dos pais já a agrediram verbalmente. Com que frequência você grita com seus filhos?

Plano de mudança de comportamento

Pense em sua infância. Como seus pais costumavam comunicar os sentimentos deles um ao outro? Você os ouvia gritar? E seus irmãos? Como seus pais costumavam reagir a seus gritos? E em seu ambiente de trabalho? Identifique algumas pessoas que você descreveria como indivíduos que costumam gritar. O que os irrita? Que reações dos outros costumam fazer com que os gritos fiquem mais altos? Você já percebeu que tipo de reação costuma acalmá-los?

Depois, pense sobre como costuma reagir aos gritos de seu filho. Sua reação o acalma ou o irrita? Dica: A maneira mais rápida de piorar um problema de comportamento de seu filho é gritar com ele. Se seu comportamento precisa ser melhorado, escreva os passos que pretende dar para essa mudança.

Agora está na hora de agir para começar a mudar o comportamento de seu filho. Use seu Diário de Mudanças para anotar o que pensa e desenvolver seu plano:

1. Observe o comportamento de seu filho. Por que ele está gritando? Que circunstâncias fazem com que ele grite? Em algum momento do dia ele costuma gritar mais? Com quem ele grita? Tem alguém com quem não grita? Por exemplo, ele grita com os amigos, irmãos, professores, você, seu parceiro? Escreva o que pensa para ajudar a descobrir padrões de comportamento.
2. Os gritos são um comportamento aprendido e também podem ser uma maneira de extravasar as frustrações. Isso poderia estar acontecendo com seu filho? Ele está irritado, frustrado, chateado, precisando de atenção, cansado fisicamente ou doente? Ele sente que as pessoas não dão atenção a ele? Pode estar se sentindo impotente? Pense no que pode estar fazendo com que seu filho grite. Escreva como pretende resolver o problema.
3. Analise seus passos para eliminar os gritos. O que está disposto a fazer? Se quiser aumentar a harmonia familiar e reduzir os gritos, algo precisa ser alterado no ambiente de seu filho. O que você vai mudar? Pense bem em seu plano e se comprometa a cumpri-lo.

➡ Ver também *Raiva*, *Brigas*, *Acessos de raiva*.

Compromisso de mudança

Como você usará os quatro passos e o Plano de Mudança de Comportamento para ajudar seu filho a realizar uma mudança de longo prazo? Nas linhas a seguir, escreva exatamente o que você concorda em fazer dentro das próximas 24 horas para dar início à mudança de comportamento de seu filho.

Resultados da mudança

Todas as mudanças de comportamento exigem trabalho árduo, prática constante e reforço dos pais. Cada passo que seu filho dá em direção à mudança pode ser pequeno, por isso tome o cuidado de reconhecer e parabenizar cada um deles. São necessários, no mínimo, 21 dias para que os resultados reais comecem a aparecer, por isso não desista cedo demais. Lembre-se de que, se uma estratégia não funcionar, outra funcionará. Anote o progresso semanal da criança nas linhas a seguir. Faça registros de seu progresso diário no Diário de Mudanças.

SEMANA 1

_____
_____

SEMANA 2

_____
_____

SEMANA 3

_____
_____

4
Como aplicar as consequências

O sucesso é uma escada que não se pode subir com as mãos nos bolsos.
Provérbio norte-americano

"**Q**uantas vezes preciso lhe dizer isso?"
"Você não sabia que eu estava falando sério?"
"É a terceira vez que isso acontece esta semana!"
"Quando você vai aprender?"

Existe uma certeza na vida dos pais: os filhos costumam fazer o que você não espera. As crianças são assim mesmo. É por isso que você precisa estar preparado, com um plano eventual, se seu filho continuar se comportando mal – mesmo depois de seus sermões, regras e caras feias. Obviamente, você não pode deixar que a criança faça o que quiser. Ela precisa aprender a se responsabilizar por suas atitudes erradas, e então as consequências se tornam parte da mudança. É um dos maiores segredos de disciplina e também um meio de não enlouquecer.

Como você provavelmente já percebeu, existem referências a consequências ao longo deste livro. Geralmente, não é preciso usar castigos para disciplinar, *e você não deve nunca recorrer à punição física*. Mas em alguns momentos as consequências se tornam necessárias. Toda situação é diferente, mas aqui está uma lista de orientações gerais que você pode usar em qualquer situação com seu filho.

Sempre que aplica uma consequência, você deve:

1. *Anunciar a consequência*. Prepare seu filho dizendo a ele que haverá uma consequência se o comportamento não mudar. Talvez você precise escrever a consequência de modo que fique claro que qualquer transgressão trará uma ação disciplinar. Peça a seu filho que assine o acordo para que não haja qualquer tipo de reclamação posteriormente. Dica: pense se é válido pedir a seu filho para pensar em uma consequência adequada para o comportamento dele. Uma boa maneira de fazer isso é envolver seu filho na responsabilidade por suas escolhas ruins. As consequências estabelecidas pelos filhos costumam ser mais duras do que aquelas impostas pelos pais. Você não precisa concordar com as sugestões; é apenas uma maneira de envolvê-lo no processo.
2. *Fazer com que a consequência seja condizente com o mau comportamento*. Uma consequência apropriada para a falta de educação deveria ser fazer com que o filho transgressor realize uma das tarefas do irmão ofendido; em caso de furto, deveria ser devolver o objeto furtado e pagar por possíveis danos.
3. *Estabelecer uma consequência condizente com o nível de desenvolvimento de seu filho*. Por exemplo, não peça a uma criança de 5 anos que escreva cem vezes "Não vou me comportar mal".
4. *Não negociar*. Ao estabelecer uma consequência, mantenha-se firme a ela, e seja inflexível.
5. *Não esperar*. Estabeleça e aplique a consequência conforme for conveniente na cena do crime. Por exemplo, se seu filho tiver um acesso de raiva dentro de um restaurante, retire-o imediatamente de lá e relembre o que foi previamente combinado.

6. *Envolver a todos*. Diga a seu parceiro, ao professor, à babá, aos avós e a qualquer outra pessoa envolvida que você e seu filho entraram em um acordo sobre a mudança de comportamento.
7. *Preservar a dignidade de seu filho*. Sempre discipline em particular e trate seu filho com respeito. Mantenha-se calmo e aja com imparcialidade. Seja um exemplo a seu filho de como se comportar sob pressão.

Consequências para acabar com comportamentos problemáticos

Agora que revisamos as orientações gerais, aqui está uma lista de consequências possíveis que você pode usar, dependendo da idade de seu filho e das circunstâncias nas quais o comportamento ruim ocorreu.

- *Punição financeira*. Coloque um vidro com tampa em algum lugar da casa – pode ser em cima do balcão da cozinha ou na mesa da sala de jantar. Depois, estabeleça uma multa a cada comportamento ruim. Sempre que seu filho demonstrar uma atitude inadequada, ele será multado e terá de depositar no vidro a quantia combinada. Quando o vidro estiver cheio, doe o dinheiro para uma instituição escolhida pela família. Para crianças sem dinheiro, faça e divulgue uma lista de tarefas que podem ser feitas como compensação.
- *Tarefas extras*. Faça uma lista de tarefas extras – aquelas além das responsabilidades comuns da criança, como passar aspirador de pó, tirar o pó, varrer o quintal etc. A cada comportamento ruim, a criança deve cumprir uma dessas tarefas. Se o

comportamento de seu filho afetou outro membro da família, ele deve receber a incumbência de fazer uma tarefa para a pessoa ofendida, a fim de deixar essa pessoa livre de uma das tarefas, ou ajudá-la de outro modo.
- *Desculpas*. Pedir desculpas (com um tom de voz que mostre que a criança está arrependida) é sempre uma maneira de consertar uma atitude que afete outras pessoas. Em alguns casos, talvez seja preciso pedir desculpas de um modo especial. Escrever um bilhete, conversar pessoalmente ou entregar um presente feito à mão pode ser uma maneira de compensar certos comportamentos. Um pedido de desculpas também pode ser necessário.
- *Castigo*. Com exceção do tempo que passa na escola e na igreja, seu filho deve ficar em casa por um período determinado – geralmente entre um e três dias – e perder todos os privilégios. Para uma criança menor, esse tempo costuma não durar mais que uma ou duas horas. Se a ofensa for grande demais, muitos pais também retiram certos privilégios de diversão: TV, *videogame* e telefone.
- *Perda de privilégios*. Qualquer comportamento inadequado pode fazer com que seu filho perca certos privilégios. Certifique-se de que seja algo sobre o qual você tenha controle – por exemplo, TV, música, *videogame*, telefone ou o uso da área comum da família na casa.

Usando o "tempo para pensar"

O "tempo para pensar" pode ser utilizado quando a criança é retirada imediatamente de uma atividade por comportamento inadequado e lhe é solicitado que se sente sozinha e em silêncio por algum tempo para refletir sobre suas atitudes. Pode ser uma maneira muito eficaz de ajudar uma criança agressiva a se acalmar. Na verdade, muitos pais chamam o local onde a criança fica pensando de "cadeira do pensar" ou "canto da calma". O tempo sozinho é o tipo de consequência que deve ser adaptada dependendo da idade de seu filho, do temperamento, da personalidade e da gravidade do comportamento. Para algumas crianças, trata-se de uma crueldade sem fim, mas para outras, apesar de não ser divertido, não é tão ruim.

Aqui estão algumas dicas para o uso do "tempo para pensar":

- Reserve uma parte tranquila, segura e isolada da casa para o "tempo para pensar".
- Separe uma cadeira (não um sofá nem um pufe).
- Certifique-se de que não haja acesso a jogos, brinquedos, música, animais de estimação, alimentos, TV, amigos, telefone ou outras distrações.
- Certifique-se de que nesse espaço seu filho não receba atenção e que seja separado das áreas comuns da família.
- Estabeleça um período apropriado. Para crianças de 7 anos ou menos, a regra mais simples é um minuto para cada ano de vida (por exemplo, uma criança de 3 anos deve permanecer ali por três minutos; uma de 6, por seis minutos, e assim por diante). Lembre-se de que esse período é o mínimo. *Não* permita que seu filho saia antes. A duração do isolamento depende da gravidade da atitude e da idade de seu filho.
- Sempre diga a seu filho exatamente quanto tempo ele deve permanecer "pensando". Marque o tempo em um *timer* para ter o controle exato, e deixe-o por perto para poder controlá-lo.
- Não diminua o tempo. Quando ele estiver estipulado, mantenha-se firme e seja constante.

- A contagem do tempo começa assim que seu filho para de resistir e começa a se comportar corretamente no "tempo para pensar".
- Quando o "tempo para pensar" for estabelecido como consequência, deve ser reforçado. A criança não pode sair de onde está a menos que se comporte bem; deve ficar sentada sem falar pelo tempo estipulado. Se ela não se comportar, acrescente mais um minuto a partir do momento que começar a se comportar bem. Por exemplo, se ela está se comportando mal no "tempo para pensar" há doze minutos e, finalmente, se senta em silêncio, acrescente mais um minuto pelo bom comportamento e depois a libere.
- Não se aproxime nem responda a qualquer tentativa da parte de seu filho de chamar atenção. Qualquer interação com ele apenas reforçará o mau comportamento que ele estiver demonstrando. É o momento de seu filho pensar sozinho.
- Implemente o "tempo para pensar" *sempre* que seu filho demonstrar comportamento inadequado. "Você estava agredindo seu irmão. Vá se sentar na cama da vovó por dez minutos." Se você não estiver em um local apropriado, tente encontrar um assim que possível.
- Depois do "tempo para pensar", seu filho deve fazer o que você pediu a ele. Se ainda assim ele não obedecer, dobre a duração do período.

Depois da consequência

Depois que a consequência ou o "tempo para pensar" tiverem sido cumpridos, peça a seu filho que descreva o que fez de errado e como vai agir da próxima vez. Se ele não se lembrar ou não concordar, deve voltar ao "tempo para pensar", ou a consequência deve ser implementada novamente até que ele consiga fazer isso. Com crianças pequenas ou com aquelas que têm dificuldade para lembrar, você terá de guiá-las com as reações delas. Lembre-se de que uma parte essencial da mudança eficaz é ajudar seu filho a entender o que fez de errado, de modo que não repita o mesmo comportamento.

Alguns pais pedem aos filhos que desenhem ou redijam uma descrição explicando o que fizeram de errado. As crianças também podem receber o pedido de fazer uma "afirmação de intenção" – desenho, frase, parágrafo ou redação – que explique como elas pretendem corrigir o próprio comportamento para que não mais o repitam.

VOCÊ SABIA?

Você já se perguntou se sua maneira de disciplinar tem relação com o comportamento de seus filhos? Leonard Eron, psicólogo e pesquisador da Universidade de Illinois, interessou-se por isso. Ele estudou 870 crianças de 8 anos no interior do estado de Nova York para descobrir como os pais as disciplinavam, desde aqueles que não aplicavam castigos físicos até os que recorriam à agressão com frequência. Assim, pôde verificar se as crianças se tornavam agressivas ou não. Ele descobriu que as crianças que mais apanhavam eram aquelas que mais agrediam outras crianças. Vinte anos depois, Eron estudou as mesmas pessoas na fase adulta. Aquelas que eram mais agressivas na infância se tornaram adultos agressivos com filhos agressivos.

Se seu filho não cumprir a consequência ou o "tempo para pensar" corretamente, use o Código Vermelho, o nível mais alto de punição. Ele agora perde o privilégio de algo com o qual *realmente* se importa durante determinado período – uma hora para as crianças pequenas e 24 horas para as maiores. Certifique-se de que o privilégio seja algo que você pode controlar pessoalmente, como o uso do telefone, do computador, do *skate*, do *videogame* ou da TV. Você e seu filho concordaram com o Código Vermelho, por isso *agora é hora de cumpri-lo*.

5
Não se esqueça de dizer a seus filhos que você os ama!

A imagem mais bonita do mundo é a de uma criança percorrendo com confiança a estrada da vida, depois de você ter mostrado a ela o caminho.

Confúcio

"Eu tenho dado tantas broncas em meu filho que ele chegou a dizer que não o amo mais."

"Tenho de disciplinar tanto a minha filha que isso está acabando com nosso relacionamento."

"Receio que a única lembrança que meu filho vai guardar da infância será o 'canto do pensar'."

É claro que queremos que nossos filhos sejam bem-comportados. Faz parte da boa criação. Mas em nossa busca para mudar o comportamento ruim, pode ser que deixemos de ver todas as partes boas de nossos filhos: o coração generoso, o bom humor, a atitude doce, a persistência, um sorriso de derreter. E o grande perigo é que nossos filhos comecem a perceber que os amamos mais pela maneira como se comportam do que pelo que são.

Pode ser desanimador não ver nada além de nossas broncas e sermões e nossa cara feia e suspiros de frustração. Além disso, essas mensagens podem ser desastrosas para a formação da autoconfiança de nossos filhos. Por isso, a última parte de qualquer mudança de comportamento é essencial: não se esqueça de dizer a seu filho que você o ama. O que poderia ser mais importante do que mostrar a seu filho quanto você o ama e o valoriza – apesar do comportamento ruim que ele adota?

Como você está se saindo?

Aqui estão algumas perguntas para que você avalie como está se saindo na tarefa de fazer com que seu filho se sinta amado e valorizado, especialmente quando está se comportando mal. Marque as áreas com possíveis problemas.

____ Meu filho escuta quando falo sobre ele com outras pessoas, usando termos positivos e amorosos, e não sobre seu mau comportamento?

____ Eu evito compará-lo a irmãos ou colegas?

____ Evito criticá-lo na frente das pessoas?

____ Sempre disciplino meu filho em particular e com dignidade?

____ Tenho expectativas razoáveis, com base na idade, na personalidade e no desenvolvimento de meu filho?

____ Eu paro para pensar no ponto de vista de meu filho e para escutar o que ele tem a dizer?

____ Eu me lembro de elogiar e de incentivar meu filho quando ele se comporta bem?

____ Fico calmo sempre que disciplino meu filho, nunca aumentando o tom de voz, gritando ou batendo?

____ Reservo momentos para estar apenas com meu filho, dando-lhe total atenção?

____ Evito ser parcial quando ocorre um conflito entre meus filhos, ou eles costumam dizer que tenho um favorito?

____ Desconto minhas frustrações em meus filhos depois de um dia difícil?

_____ Aceito o temperamento de meu filho e compreendo sua personalidade?

_____ Sempre insisto em fazer as coisas do meu jeito porque "sou eu quem manda aqui"?

_____ Tento eliminar determinado comportamento de meu filho porque vejo isso como um problema em mim?

_____ Encerro cada episódio de disciplina dizendo que o amo e o perdoo?

_____ Admito para meu filho se agi de maneira injusta ou inadequada?

Em seu Diário de Mudanças, escreva o que pretende fazer para criar uma relação mais positiva com seu filho. Nas linhas abaixo, escreva o que você pretende fazer nas próximas 24 horas para dar início à mudança.

_____
_____
_____

Disciplina que protege a autoconfiança de seu filho!

Todas as crianças se comportam mal em algum momento. A maneira como reagimos ao mau comportamento de nossos filhos pode ser destrutiva ou produtiva para a autoconfiança deles, e isso torna nossa tarefa especialmente complicada. Aqui estão algumas práticas positivas de disciplina para utilizar na hora de corrigir o mau comportamento de seu filho, e que preservam sua dignidade.

Acalme-se e depois reaja

O primeiro passo para corrigir qualquer problema de disciplina costuma ser o mais difícil: você deve se manter calmo independentemente de como seu filho se comporta. Se perceber que está ficando irritado, afaste-se de seu filho até se acalmar. Respire profunda e lentamente, conte devagar até dez se precisar, mas não reaja a seu filho a menos que esteja calmo.

Use frases com "eu" para mostrar desaprovação

Quando não estiver satisfeito com o comportamento de seu filho, é melhor você falar sobre sua insatisfação começando com a palavra "eu", em vez de "você". Perceba que simplesmente trocar "você" por "eu" transforma uma mensagem crítica e depreciativa em outra que vai se concentrar no mau comportamento da criança, e não no amor-próprio dela.

- *Frase com "você"*: "Você parece um bebê chorão. Ninguém vai gostar de você se continuar assim".
- *Frase com "eu":* "Eu não gosto de escutar você reclamando, porque as pessoas não gostam de ficar perto de quem só reclama".

Concentre-se no comportamento, não na criança

A mensagem de correção deve se concentrar apenas no mau comportamento de seu filho, nunca nele. É uma das maneiras mais importantes de manter a dignidade da criança e ainda mostrar a ela que não vai tolerar o comportamento inadequado.

- *Concentrando-se na criança:* "Pare de reclamar. Você não consegue se comportar? Sua irmã não faz isso!"
- *Concentrando-se no comportamento:* "Quero saber o que você tem a dizer, mas me conte sem reclamar".

Faça com que sua correção seja instrutiva

Costumamos pedir aos filhos que parem de se comportar mal, mas não dizemos o que eles devem fazer de diferente. O tipo correto de disciplina deve ajudar nossos filhos a diferenciar o certo do errado, reconhecer as consequências, descobrir como melhorar o mau comportamento e ainda preservar a dignidade. A mensagem corretiva mostra à criança o que está errado em seu comportamento e qual é a atitude esperada.

- *Correção instrutiva:* "Isso foi falta de educação: você me interrompeu quando eu estava falando. Espere até eu terminar ou, se for realmente muito importante, diga: 'Com licença'".

Incentive as tentativas de seu filho

Apesar de o comportamento inadequado de nossos filhos dever sempre despertar nosso interesse, lembre-se de que, se você se preocupar apenas com o comportamento ruim, corre o risco de não perceber quando seu filho age corretamente. Assim, reconheça qualquer esforço, grande ou pequeno, que seu filho faz para melhorar. Sua atenção ajudará a criança a acreditar que a mudança é possível de verdade.

- *Incentivo*: "Você tentou esperar sem interromper. É difícil, mas vi que você se esforçou".

Use elogios para incentivar o bom comportamento

O elogio é uma das mais antigas estratégias que os pais utilizam para incentivar o bom comportamento, mas nem todos eles o melhoram. Utilize os cinco pontos a seguir para tornar seu incentivo mais eficiente na hora de mudar o comportamento de seu filho:

- *Específico*: Quando perceber o bom comportamento, expresse sua mensagem de modo que seu filho saiba exatamente o que fez bem: "Você ficou irritado, mas não beliscou a Marina. Usou palavras".
- *Repetido*: Para ajudar seu filho a tornar o novo comportamento um hábito, repita o elogio algumas vezes.
- *Merecido*: Seu filho sabe quando merece o elogio recebido, por isso tenha certeza de que cada elogio que você faz seja merecido: "Você se dedicou à tarefa; está muito melhor".
- *Genuíno*: O melhor reforço é sempre sincero e genuíno e mostra exatamente a seu filho o que ele fez de bom: "Foi preciso fazer um esforço para se manter calmo, mas você conseguiu! Parabéns!"
- *Individual:* O elogio eficiente é direcionado à criança que merece. Não faça comparações, muito menos com irmãos! Ao fazer isso, você pode plantar a semente do ressentimento e do ciúme.

Cultive as qualidades

Uma criança que se comporta mal pode ficar desanimada; afinal, nossos filhos querem nos agradar e receber nossa aprovação. Às vezes, tentando fazer com que parem de se comportar mal, acabamos ignorando suas qualidades. O resultado é uma criança ainda mais desanimada. É por isso que cuidar dos pontos fortes e das qualidades de seu filho é parte importante em qualquer mudança de comportamento. Eis quatro passos para ajudar seu filho a reconhecer seus talentos e áreas de excelência:

- Escolha de uma a três habilidades para fortalecer. Veja a lista de cem habilidades nas páginas 356 a 358 e escolha um ou dois atributos que quer que seu filho reconheça em si mesmo. Certifique-se de que os pontos fortes já estejam presentes na criança, e não que você gostaria que estivessem. Escreva as qualidades em seu Diário de Mudanças – como *gentil*, *talentoso*, *esperto*, *criativo* – e então use a mesma palavra sempre que elogiar a qualidade.
- Encontre oportunidades para indicar o ponto forte. Você pode começar passando uma mensagem que evidencie o ponto forte por dia e, aos poucos, fazer de dois a quatro lembretes diários. Se você encher seu filho com muitos elogios por dia, eles começarão a perder a eficácia e se tornarão previsíveis demais. Geralmente, são necessárias pelo menos três semanas para que uma nova imagem se desenvolva, por isso continue elogiando os pontos fortes da criança por pelo menos 21 dias.
- Elogie a qualidade apenas quando for merecido; reforce o ponto forte de seu filho apenas quando suas ações merecerem reconhecimento. As crianças são ótimas em perceber o que não é sincero e o que realmente é.
- Dê exemplos específicos da qualidade. Indique-os quando seu filho demonstrar as qualidades. Talvez ele não consiga enxergar os pontos fortes sozinho. Veja alguns exemplos de como descrever as qualidades, de modo que a criança saiba exatamente o que fez para merecer reconhecimento:

- *Habilidade artística*: "Você é tão talentoso; seus desenhos sempre demonstraram habilidade artística, com muitos detalhes e cores".
- *Positivo:* "Você sempre tem algo animado e positivo a dizer para as pessoas. Isso alegra o dia de todos".

Cem pontos fortes e qualidades para incentivar

Marque as áreas que você acha que melhor descrevem as habilidades de seu filho, as qualidades de caráter ou os talentos especiais. Depois, anote-as no Diário de Mudanças, de modo que possa incluí-las em seus planos de mudança. Ao descobrir mais atributos, inclua-os em sua lista.

Talentos visuais
____ desenho
____ fotografia
____ boa memória para detalhes
____ pintura
____ grande imaginação
____ visualização
____ habilidades com mapas
____ senso de direção
____ criatividade

Lógica e raciocínio
____ habilidade com o computador
____ organização
____ resolução de problemas
____ raciocínio abstrato
____ matemática e números
____ jogos de raciocínio
____ decifração de códigos
____ bom senso
____ ciência
____ pensamento rápido
____ aprendizagem rápida
____ boa memória
____ bem-informado
____ inteligente

Movimento corporal e qualidades físicas

___ encenação
___ interpretação
___ movimento criativo
___ dança
___ teatro
___ esporte específico
___ corrida
___ atletismo
___ força
___ graciosidade
___ resistência
___ equilíbrio
___ destreza
___ coordenação

Talentos musicais

___ toca instrumento
___ canta
___ tem ritmo
___ tem memória para acordes
___ compõe música
___ lê música
___ reage à música

Características de personalidade e de caráter

___ criativo
___ proativo
___ segue orientações
___ confiável
___ paciente
___ responsável
___ sensível
___ corajoso
___ atencioso
___ esforçado
___ flexível
___ extrovertido
___ generoso
___ confiante
___ independente
___ organizado
___ determinado
___ sincero
___ perspicaz
___ gentil
___ maduro
___ alegre
___ receptivo
___ solícito
___ otimista
___ leal
___ sério
___ honesto
___ disciplinado
___ afetuoso
___ bom caráter
___ fiel

Habilidades sociais
____ amigável
____ líder
____ solícito
____ positivo
____ tem espírito esportivo
____ cortês
____ justo
____ sabe esperar sua vez
____ sabe trabalhar em grupo
____ cooperativo
____ compartilha
____ simpático
____ compreensivo
____ gosta de manter a paz
____ divertido
____ charmoso
____ incentivador
____ sabe ouvir
____ agradável

Talentos linguísticos
____ leitura
____ vocabulário
____ articulação das palavras
____ boa memória para fatos
____ criativo ao escrever
____ poesia
____ debate
____ bom humor e piadas
____ contar histórias

Aparência física
____ limpo
____ atraente
____ postura
____ característica especial

Habilidades ao ar livre
____ observador
____ gosta de animais
____ curioso
____ gosta de caminhar
____ coleciona coisas científicas

Organize uma reunião em família

Uma ótima maneira de as famílias resolverem conflitos e implementarem mudanças de comportamento é realizando reuniões familiares. Elas também são ótimas para que as famílias se reúnam em datas marcadas e aproveitem a companhia uns dos outros, aumentando a harmonia e compartilhando ideias e preocupações em uma atmosfera de ajuda.

Há muitos assuntos para sua reunião familiar. Eis alguns:

- Resolver conflitos entre irmãos.
- Resolver problemas que se repetem ou comportamentos inadequados.
- Estabelecer horários para ver TV ou dormir.
- Planejar férias.
- Anunciar atividades ou cardápios.

> **VOCÊ SABIA?**
> Stanley Coopersmith, autor de *The Antecendents of Self-Esteem*, realizou um famoso estudo para determinar os tipos de condições que aumentam a autoestima e descobriu três fatores básicos. Em primeiro lugar, ele descobriu que crianças com autoestima elevada claramente se sentiam amadas incondicionalmente. Em segundo lugar, eram criadas com regras claras e justas, reforçadas constantemente pelos pais, de modo que sabiam o que era esperado. E, como os pais prestavam atenção nelas e escutavam o que tinham a dizer, elas cresciam acreditando que suas opiniões eram respeitadas e consideradas importantes. Pais que oferecem o tipo de amor que transmite aceitação, expectativas claras e justas e respeito criam filhos que não apenas acreditam em si mesmos, mas também sabem se comportar. Como você descreveria as três condições da autoestima em sua família? Alguma delas precisa de reparos? Escreva em seu Diário de Mudanças como você pretende melhorá-la.

- Comemorar acontecimentos felizes para determinados membros da família.
- Expressar preocupações.
- Estabelecer ou rever regras familiares, horários, hora de usar o computador, fazer as tarefas e também fixar o valor da mesada.

Princípios para reuniões familiares bem-sucedidas

Você pode começar as reuniões anunciando qualquer acontecimento especial na família e falando sobre a programação de todos, como hora de brincar, viagens, datas de provas, consultas médicas, festas e projetos escolares. Muitas famílias separam uma pequena caixa para que os membros sugiram assuntos familiares que eles gostariam de abordar na reunião seguinte. Aqui estão os cinco princípios mais importantes das reuniões familiares bem-sucedidas; modifique-os de acordo com as necessidades de sua família:

1. *Garanta a democracia.* O objetivo das reuniões familiares é envolver seus filhos, por isso é preciso ficar atento para que eles percebam que as ideias de todos são importantes. É o momento de incentivar seu filho a falar sem julgá-lo. Durante as reuniões em família, a opinião de cada um é considerada igual, todos têm o direito de ser ouvidos e todos podem falar sobre qualquer problema ou preocupação.
2. *Determine a tomada de decisão.* Geralmente, as decisões são baseadas no que a maioria quer, apesar de alguns especialistas acreditarem que elas devam ser estabelecidas por consenso unânime. Qualquer decisão tomada na reunião deve ser mantida pelo menos até a reunião seguinte, quando poderá ser mudada.

3. *Marque reuniões regulares.* A maioria dos especialistas sugere realizar reuniões uma vez por semana, que durem de vinte a trinta minutos para crianças menores e um pouco mais para as maiores. Divulgue um lembrete de reunião, colocando-o na geladeira ou em um quadro de avisos, e exija que compareçam.
4. *Mude as funções na reunião.* Uma maneira de ajudar as crianças a ter participação ativa nas reuniões é determinar papéis diferentes que podem ser mudados semanalmente. Algumas possibilidades são: um porta-voz, que começa e termina as reuniões e segue a pauta; um mediador, que fica responsável pela execução das regras; e uma secretária, para ajudar a fazer as anotações da reunião. Crianças menores podem usar gravadores para registrar as reuniões.
5. *Crie um espírito divertido na reunião.* Não realize reuniões apenas para falar de problemas; depois de um tempo, as crianças vão começar a não querer participar. Em vez disso, procure manter a diversão e a harmonia nas reuniões. Uma família me contou que eles sempre começam as sessões pedindo aos membros da família que se revezem elogiando os bons feitos uns dos outros durante a semana. Termine sua reunião de modo divertido: sirva uma sobremesa, faça um jogo, jogue bola ou alugue um bom filme para que todos o vejam juntos.

Usando as reuniões de família para resolver problemas de comportamento e conflitos

As reuniões em família podem ser uma das melhores maneiras de resolver problemas familiares. São também uma ótima oportunidades para ensinar a seus filhos o processo de solução de conflitos utilizando um problema familiar ou um comportamento real. Os passos são dados a seguir. Ensine-os a seu filho de modo que ele saiba lidar com os problemas quando você não estiver por perto.

1. *Diga qual é o problema:* Escolha um conflito que seja recorrente entre dois membros da família, como tarefas, horário de voltar para casa, uso do telefone, do computador, da TV, briga entre os filhos. Reúna fatos para determinar quem realmente está envolvido na questão e como os outros membros se sentem. Estabeleça um horário para a reunião familiar; quando todos estiverem reunidos, aborde o problema. Por exemplo: "Estamos tendo reclamações por causa do computador. Algumas pessoas o estão utilizando por mais tempo do que outras que precisam fazer a lição de casa. Vamos encontrar uma solução que todos considerem justa". Muitas famílias mantêm uma Caixa de Problemas – qualquer caixa pequena com tampa – na qual uma pessoa da família pode colocar a descrição de um problema que ela gostaria que fosse discutido na reunião.
2. *Diga o que pensa e escute as pessoas.* Cada membro tem sua chance de expressar sua opinião e de escutar os outros. Repasse as regras da reunião: é proibido interromper, as ideias de todos são respeitadas e não há espaço para humilhações. Depois, ouçam as opiniões de cada um. Ajuda reafirmar o ponto de vista de cada pessoa: "Pedro acredita que as pessoas não deveriam ficar jogando no computador quando ele precisa fazer a lição de casa" ou "O papai acha que quem tem que ir mais cedo para a cama não está tendo tempo suficiente para usar o computador".
3. *Peça soluções.* Agora vem a chance de resolver o problema. Comece reafirmando-o (às vezes, o problema muda depois que

todos falam sobre ele) e, então, peça por possíveis soluções. Alguém pode atuar como secretário e escrever todas as ideias até que as crianças não tenham mais possibilidade ou até que você perceba que o interesse delas está acabando. Aqui estão soluções para o computador: colocar senhas para cada um, deixar as crianças mais novas o utilizarem logo depois da escola, estabelecer um período de uso cronometrado, comprar outro computador, fazer rodízio etc.

4. *Diminua as opções*. Reveja todas as soluções possíveis e então comece a eliminar as opções: "Existe alguma solução que você simplesmente não aceita? Nesse caso, conte-nos uma e diga por quê". A pergunta ajuda todos a entender os sentimentos e as preocupações uns dos outros. Qualquer opção que os membros recusem, e consigam explicar o motivo, deve ser excluída. As opções que os pais consideram não negociáveis são eliminadas automaticamente. Por exemplo, comprar outro computador pode não ser uma opção, pois afeta financeiramente os pais, e não o restante da família.

5. *Escolha uma solução*. O passo final é decidir qual é a melhor solução e fazer com que todos se comprometam. A melhor decisão é aquela com a qual a maioria concorda. Muitas famílias escrevem ou desenham a solução escolhida, fazem com que todos a assinem e a deixam à vista, como lembrete. Uma reunião de acompanhamento é realizada para saber se a solução está funcionando, e o plano pode ser alterado se for preciso. O problema do computador foi resolvido assim: "Todos assinaram na segunda-feira concordando com um determinado tempo de uso do computador. Todos cumprem esse tempo até a próxima reunião, quando o tempo poderá ser mudado. Duas horas de tempo extra ficam disponíveis depois das oito

da noite para trabalhos escolares. Raquel e Luciano podem utilizar o computador antes do jantar, porque não têm lição de casa".

Considerações finais

Desejo muita sorte a você na batalha contra o mau comportamento. O caminho certamente será cheio de incertezas e, às vezes, pode ser muito complicado, mas criar filhos é assim mesmo. Talvez seja o seu maior desafio, o mais importante de todos.

Um dos papéis mais essenciais da vida é ajudar nossos filhos a se tornar pessoas felizes, confiantes, bem-comportadas e decentes. Não existe recompensa maior do que saber que você fez a diferença para melhorar a vida de uma criança. Na verdade, é a recompensa suprema.

Por isso, mantenha-se firme. Esforce-se. Pense neste livro como um recurso necessário e considere-me uma aliada. Boa sorte!

Bibliografia

Parte 1: Preparando-se para as mudanças

GLENN, H. S. *Developing Healthy Self-Esteem*. Orem: Empowering People Books, Tapes, and Videos, 1989. Videocassete.

Parte 3: Trinta e oito mudanças de comportamento

1 Raiva
CHARACTER COUNTS! e INSTITUTO DE ÉTICA JOSEPHSON. *1998 Report Card on the Ethics of American Youth*. Disponível em: <www.josephsoninstitute.org/98-Survey/98survey.htm>. Acesso em: 19 de outubro de 1998.

2 Ansiedade
DACEY, J. S. e FIORE, L. B. *Your Anxious Child*. San Francisco: Jossey-Bass, 2000.

3 Mordidas
ACADEMIA AMERICANA DE PEDIATRIA, "New AAP Policy Addresses Violence and Children". Disponível em: <www.aap.org/advocacy/archives/janviol.htm>. Acesso em: 5 de janeiro de 1999.

BLUMSTEIN, A. *Youth Violence, Guns and the Illicit Drug Industry*. Pittsburgh: H. John Heinz III School of Public Policy and Management, Carnegie Mellon University, 1994.

SILVERMAN, R. A. e KENNEDY, L. *Deadly Deeds: Murder in Canada*. Scarborough: Nelson, 1993.

4 Controle

GOLEMAN, D. *Inteligência emocional*. Rio de Janeiro: Objetiva, 1996.

5 Vítima de *bullying*

McCOY, E. *What to Do When Kids Are Mean to your Child*. Pleasantville: Reader's Digest, 1997.

MIDDLETON-MOZ, J. e ZAWADSKI, M. L. *Bullies: From the Playground to the Boardroom*. Deerfield Beach: Healthy Communications, 2001.

6 Autor de *bullying*

DICKINSON, A. "Bad Boys Rule", *Time*, 31 jan., 2000, p. 77.

ESPELAGE, D. "Me? A Bully?", *Family Life*, fev., 2000.

FRIED, S. e FRIED, P. *Bullies and Victims: Helping your Child through the School Yard Battlefield*. Nova York: Evans, 1996.

PETERSON, K. S. "Bullies, Victims Can Grown into Roles", *USA Today*. Disponível em: <www.usatoday.com/life/health/child/lhchi071.htm>. Acesso em: 8 de setembro de 1999.

WARTIK, N. "Bullying: A Serious Business", *Child*, fev., 2001, p. 82.

ZARZOUR, K. *Facing the Schoolyard Bully: How to Raise an Assertive Child in an Aggressive World*. Buffalo: Firefly Books, 2000.

7 Recusa a ajudar nas tarefas domésticas

CRARY, E. *Pick Up your Socks and other Skills Growing Children Need*. Seattle: Parenting Press, 1990.

8 Cinismo

SELIGMAN, M.; REIVICH, K.; JAYCOX, L. e GILLHAM, J. *The Optimistic Child: A Revolutionary Program that Safeguards Children against Depression and Builds Lifelong Resilience*. Boston: Houghton Mifflin, 1995.

9 Desacato
BERNSTEIN, N. I. *Treating the Unmanageable Adolescent: A Guide to Oppositional Defiant and Conduct Disorders*. Northvale: Aronson, 1996.

COLEMAN, P. *How to Say It to your Kids: The Right Words to Solve Problems, Soothe Feelings and Teach Values*. Upper Saddle River: Prentice Hall, 2000.

10 Falta de atenção ao que dizem
LAMBERT, L. "From Caos to Cooperation: A 21 Day Discipline Makeover", *Parents*, out., 2000, pp. 142-45.

ROWE, M. B. "Wait-Time: Slowing Down May Be a Way of Speeding Up!", *Journal of Teacher Education*, 31, 1, 1986, pp. 43-50.

11 Brigas
ASSOCIAÇÃO AMERICANA DE MEDICINA, *The Physician's Guide to Media Violence*. Chicago: Associação Americana de Medicina, 1997.

SHIFRIN, D. "Three-Year Study Documents Nature of Television Violence", *AAP News*. Disponível em: <http://aapnews.aappublications.org/cgi/content/abstract/14/8/23>. Acesso em: agosto de 1998.

12 Facilidade em desistir
SHRUNKEN, J. N. *Terman's Kids: The Groundbreaking Study of How the Gifted Grow Up*. Nova York: Little, Brown, 1992.

13 Agressão
ENRON, L. D.; GENTRY, J. H. e SCHLEGEL, P. (orgs.). *Reason to Hope: A Psychosocial Perspective on Violence and Youth*. Washington, D.C.: Associação Americana de Psicologia, 1994.

GOLDSTEIN, A. P. *Violence in America: Lessons on Understanding the Aggression in our Lives*. Palo Alto: Davies-Black Publishing, 1996.

14 Brigas na hora de fazer a lição de casa
COOPER, H. *Homework*. White Plains: Longman, 1989.

BEMPECHAT, J. *Getting our Kids Back on Track: Educating Children for the Future*. San Francisco: Jossey-Bass, 2001.

15 Vício em recompensas
Rowe, M. B. "Relation of Wait-Time and Rewards to the Development of Language, Logic and Fate Control: Part II – Rewards", *Journal of Research in Science Teaching*, 11, 1974, pp. 291-308.

16 Impulsividade
Kipnis, A. *Angry Young Men: How Parents, Teachers and Counselors Can Help "Bad Boys" Become Good Men*. San Francisco: Jossey-Bass, 1999.

Shoda, Y.; Mischel, W. e Peake, P. K. "Predicting Adolescent Cognitive and Self-Regulatory Competencies from Preschool Delay of Gratification", *Developmental Psychology*, 26, 1999, pp. 978-86.

17 Intolerância
Allport, G. *The Nature of Prejudice*. Reading: Addison-Wesley, 1954.

Borba, M. *Building Moral Intelligence: The Seven Essential Virtues that Teach Kids to Do the Right Thing*. San Francisco: Jossey-Bass, 2001.

Bullard, S. *Teaching Tolerance: Raising Open-Minded, Empathetic Children*. Nova York: Doubleday, 1996.

18 Falta de amigos
Nowicki Jr., S. e Duke, M. P. *Helping the Child who Doesn't Fit In*. Atlanta: Peachtree Publishers, 1992.

19 Mentir e enganar
Kleiner, C. e Lord, M. "The Cheating Game", *U.S. News & World Report*, 22 nov., 1999, pp. 55-61.

20 Atitude materialista
Center for a New American Dream. Disponível em: <www.newdream.org/campaign/kids/>. Acesso em: 21 de agosto de 2002.

CNN News, 30 jul., 2001. Disponível em: <www.money.cnn.com/2001-/07/30/living/v_smart_assets>.

Elias, M. "Ads Targets Kids", *USA Today*, 22 mar., 2000, p. D5.

Gibbs, N. "Who's in Charge Here?", *Time*, 6 ago., 2001, pp. 39-48.

GOLDBERG, M. "Understanding Materialism among Youth", *Journal of Consumer Psychology*, 24 ago., 2001.

ROBINSON, T. et al. "Reducing Television Viewing on Children's Requests for Toys", *Journal of Developmental and Behavioral Pediatrics*, 22, 2001, pp. 179-84.

21 Crueldade

EISENBERG, N. *The Caring Child*. Cambridge: Harvard University Press, 1992, p. 96.

HOFFMAN, M. "Development of Prosocial Motivation: Empathy and Guilt", in N. Eisenberg (org.), *The Development of Prosocial Behavior*. Orlando: Academic Press, 1983.

PETERSON, K. "Bullies Shove their Way into the Nation's Schools", *USA Today*, 7 set., 1999.

22 Influência negativa dos amigos

GOLDSTEIN, A. "Paging All Parents", *Time*, 3 jul., 2000, p. 47.

23 Perfeccionismo exagerado

STEVENSON, H. W. e STIGLER, J. W. *The Learning Gap*. Nova York: Simon & Schuster, 1992.

24 Falta de espírito esportivo

SMITH, S. "Is the Choice Sportsmanship or Death?", Knight Ridder/Tribune Information Services. Disponível em: <www.youthdevelopment.org>. Acesso em: 23 de julho de 2000.

25 Comentários maldosos

MARSTON, S. *The Magic of Encouragement*. Nova York: Morrow, 1990.

26 Falta de educação

MARKS, J. "The American Uncivil Wars", *U.S. News Online*. Disponível em: <www.usnews.com/issue/civil.htm>. Acesso em: 22 de abril de 1996.

27 Egoísmo

GIBBS, N. "Who's in Charge Here?", *Time*, 6 ago., 2001, pp. 39-48.

28 Baixa capacidade de concentração

BREGGIN, P. R. *Reclaiming our Children*. Cambridge: Perseus Books, 1999.

KIPNIS, A. *Angry Young Men: How Parents, Teachers and Counselors Can Help "Bad Boys" Become Good Men*. San Francisco: Jossey-Bass, 1999.

29 Timidez

FRANKEL, F. *Good Friends Are Hard to Find: Help Your Child Find, Make and Keep Friends*. Los Angeles: Perspective Publishing, 1996.

ZIMBARDO, P. G. e RADL, S. *The Shy Child: A Parent's Guide to Preventing and Overcoming Shyness from Infancy to Adulthood*. Nova York: Doubleday, 1999.

30 Brigas de irmãos

SHURE, M. B. *Raising a Thinking Child*. Nova York: Holt, 1994.

31 Furto

CHARACTER COUNTS! e INSTITUTO DE ÉTICA JOSEPHSON. *1998 Report Card on the Ethics of American Youth*. Disponível em: <www.josephsoninstitute.org/98-Survey/98survey.htm>. Acesso em: 19 de outubro de 1998.

32 Palavrões

ABC Nightly News, 19 jun., 2000.

BORBA, M. *Building Moral Intelligence*. San Francisco: Jossey-Bass, 2001.

HELLMICH, N. "Today's Schools Cursed by an Increase in Swearing", *USA Today*, 20 maio, 1997, p. D4.

33 Respostas mal-educadas

SIEGLER, A. "What a Nice Kid", *Child Magazine*, 1997, apud R. Taffel, *Nurturing Good Children Now*. Nova York: Golden Books, 1999.

34 Dedurar
"For the Record", *Time*, 22 abr., 2002, p. 18.

35 Vítima de provocações
FRANKEL, F. *Good Friends Are Hard to Find*. Los Angeles: Perspective Publishing, 1996.

FRIED, S. e FRIED, P. *Bullies and Victims*. Nova York: Evans, 1996.

36 Acessos de raiva
BRAZELTON, T. B. *Touchpoint: Your Child's Emotional and Behavioral Development*. Reading: Addison-Wesley, 1992.

37 Choramingar
RICKER, A. e CROWDER, C. *Whining: Three Steps to Stopping It Before the Tears and Tantrums Start*. Nova York: Fireside, 1998.

38 Gritos
SOBEL, R. "Wounding with Words", *U.S. News & World Report*, 28 ago., 2000, p. 53.

Parte 4: Como aplicar as consequências

HYMAN, I. A. *The Case against Spanking: How to Discipline your Child without Hitting*. San Francisco: Jossey-Bass, 1997.

Parte 5: Não se esqueça de dizer a seus filhos que você os ama!

COOPERSMITH, S. *The Antecedents of Self-Esteem*. Nova York: Freeman, 1967.